NOTICE HISTORIQUE

sur la

CHAPELLE EXPIATOIRE

DE LOUIS XVI & DE LA REINE MARIE-ANTOINETTE

NOTICE HISTORIQUE

SUR LE

TESTAMENT DE LOUIS XVI

DE LOUIS XVI & DE LA REINE MARIE-ANTOINETTE.

Paris, l'Imprimerie Xonser Le Clerc, rue Cassette, 29

NOTICE HISTORIQUE

SUR LES

FAITS ET PARTICULARITÉS QUI SE RATTACHENT

A LA

CHAPELLE EXPIATOIRE

DE

LOUIS XVI ET DE LA REINE MARIE-ANTOINETTE

D'APRÈS

DOCUMENTS OFFICIELS PLEINS D'ÉMOUVANTES RÉVÉLATIONS

PAR

L'Abbé SAVORNIN

AUMÔNIER DE CETTE CHAPELLE
EX-SECRÉTAIRE GÉNÉRAL DE LA GRANDE AUMÔNERIE DE FRANCE, ETC., ETC.

> Je pardonne aux auteurs de ma mort......
> *(Louis XVI sur l'échafaud.)*
>
> Que mon fils n'oublie jamais les derniers vœux de son père, et qu'il ne cherche jamais à venger *notre* mort......
> *(La Reine à Madame Élisabeth.)*

PARIS

CHEZ A. VATON, LIBRAIRE-ÉDITEUR, RUE DU BAC, 50

CHEZ L'AUTEUR, 35, RUE GODOT-MAUROI,

ET CHEZ LE CONCIERGE GARDIEN DU MONUMENT

—

1865

Droits de traduction et de reproduction réservés.

AU LECTEUR

BUT ET DIVISION DE CET OPUSCULE.

Cet écrit a pour but de faire connaître, d'une manière succincte et d'après documents officiels, tout ce qui se rattache à la chapelle expiatoire de la rue d'Anjou-Saint-Honoré, à Paris.

L'érection d'un monument de cette nature suppose nécessairement un grand crime ! La gravité de ce crime ressort surtout de la majesté des personnages qui en furent les innocentes victimes !

Il est donc tout naturel de donner à ce livre les divisions suivantes : Louis XVI, la Reine Marie-Antoinette, l'ange de vertu qui s'appelait Élisabeth de France, Louis XVII, Madame Royale, tous injustement détenus dans les prisons du Temple, et enfin le monument érigé à la mémoire du Roi martyr et de son auguste épouse.

Nous aurons donc à entretenir nos lecteurs de la vie, de la mort, de la sépulture, de l'exhumation du Roi, de la Reine de France, et de la solennelle translation de leurs précieux restes aux tombeaux des Rois, à Saint-Denis, le 21 janvier 1815.

Nous aurons aussi à raconter, selon l'ordre des temps, l'immolation de Madame Élisabeth, le long martyre de l'enfant Roi, et comment Madame Royale, la seule de toutes les proies que le Temple ait rendue vivante, en sortît.

Enfin, la merveilleuse oraison funèbre de Louis XVI et de Marie-Antoinette, prononcée par monseigneur de Boulogne, évêque de Troyes, sera le précieux couronnement de notre modeste travail.

Il est plus que probable qu'en parcourant les affreux détails dans lesquels nous avons dû entrer, le lecteur, indigné de pareils outrages, ne dira pas seulement : C'est horrible, mais c'est impossible ! Eh bien, s'il réfléchit que cette notice n'est que le fidèle résumé des documents authentiques qui ont été mis à notre disposition, bon gré, malgré, il sera bien obligé de convenir qu'ici l'*incroyable* et l'*impossible* se sont littéralement accomplis.

Plaise à Dieu que ce grand et dramatique débat, ouvert depuis soixante-douze ans, et que la voix des principaux acteurs qui va se faire entendre, servent de leçon pour l'avenir !

Inutile de dire que cet écrit, lu avec soin, pourra assurément servir de *manuel* à quiconque, ayant conservé le culte du malheur et des pieux souvenirs, voudra rendre à la chapelle expiatoire de la rue d'Anjou-Saint-Honoré une visite sérieuse, édifiante et instructive.

L'Auteur.

Vue générale de la Chapelle expiatoire. — Page 1.

NOTICE HISTORIQUE

SUR LA

CHAPELLE EXPIATOIRE

DE LOUIS XVI & DE LA REINE MARIE-ANTOINETTE

CHAPITRE PREMIER.

Idée sommaire de ce Livre.

De tous les monuments historiques que renferme Paris, aucun ne rappelle des jours plus néfastes, d'aussi douloureux souvenirs, et ne provoque des regrets plus universels que la chapelle expiatoire de la rue d'Anjou-Saint-Honoré.

Ce furent les horribles événements du 21 janvier et du 16 octobre 1793, jours de sang et de deuil, et visibles précurseurs d'un martyrologe sans pareil dans l'histoire de France, qui donnèrent lieu à l'érection de la chapelle du Roi martyr.

Quand, à neuf mois d'intervalle, la tête de Louis XVI et celle de la reine Marie-Antoinette durent tomber sous la hache du bourreau, alors leurs dépouilles mortelles, encore tièdes, furent jetées sans respect, comme choses immondes, dans un tombereau couvert, pour être transportées, entre une double haie de troupes et au milieu des vociférations d'un flot de peuple égaré, à l'ancien cimetière de la Madeleine, où elles furent inhumées, sous le regard des commissaires, qui tenaient à ne pas les perdre de vue, et en présence d'un grand nombre de témoins, parmi lesquels plusieurs étaient écrasés sous le poids d'une indicible douleur.

Alors, deux fois dans la même année, apparurent dans toute leur fureur la démence et la passion de la haine du pouvoir exécutif de cette triste époque.... Non content d'avoir poursuivi sans cause, outragé, calomnié sans pudeur, et fait condamner sans justice un petit-fils de saint Louis et la fille des Césars, le roi et la Reine de France à monter sur l'échafaud, il eut l'ignoble courage d'outrager jusqu'aux mortelles dépouilles des royales victimes qu'il venait d'immoler; et, comme s'il avait eu peur que leurs précieux restes ne pussent, un jour ou l'autre, devenir un drapeau ou compromettre son triomphe, il voulut les anéantir ; et, dans l'espoir d'en effacer bientôt toute trace, il les fit jeter dans deux fosses de neuf pieds de profondeur sur six de large, entre divers lits de chaux vive et de terre alternativement et fortement battus ; aussi, on peut le dire, si le pouvoir exécutif provisoire de ces jours néfastes ne réussit pas dans ses desseins, c'est que Dieu permit qu'il en fût autrement ; n'en doutons pas, c'est le miracle de la Providence !

Dieu permit en effet que la majeure partie des précieux restes qu'on espérait anéantir, et qu'assurément, sans sa divine assistance, la chaux vive et l'action du temps auraient dû consumer et dévorer, se conservât pour être transférée un jour à la sépulture royale de Saint-Denis ; ce qui eut lieu en effet avec grande pompe, le 21 janvier 1815. Il est donc incontestable que nous les possédons, ces précieux restes de deux époux si dignes l'un de l'autre, plus rapprochés encore par leur tendresse mutuelle que par leur destinée commune, et d'autant plus chers à nos pieux souvenirs, qu'ils ont traversé avec une égale constance la même mer de tribulations et d'infortune.

Mais où se trouvaient les cendres de Louis XVI et de Marie-Antoinette ? Quel œil a veillé sur elles, et quelle main a concouru à les recueillir ? Ah ! peut-être sans le dévouement d'un obscur citoyen, à peine saurions-nous où elles reposaient, ces mortelles dépouilles qui devaient attendre le réveil du dernier jour à Saint-Denis... Bénie soit donc la pieuse et courageuse main qui les a protégées et recueillies ! Quel héritage pour son auguste famille !

Quand la Convention nationale eut fait main basse sur les biens de l'Église de France, l'ancien cimetière de la Madeleine fut mis aux enchères et devint la propriété d'un homme de bien, ancien magistrat, de M. Desclozeau, resté fidèle à la famille des Bourbons. M. Desclozeau se fit un devoir de veiller lui-même à la conservation des précieux restes déposés en sa présence dans le cimetière qu'il venait d'acheter. Il fit mieux encore, il s'empressa d'en restaurer les murs, de le transformer en un jardin à fleurs, d'y planter des arbustes, des cyprès et deux saules pleureurs tout près des deux royales fosses dont il avait eu soin d'entourer l'enceinte d'une haie de charmilles; puis, quand le temps fut venu, il fut heureux de mettre son terrain à la disposition de la famille royale. Un pareil zèle reçut, comme nous le dirons plus loin, sa juste récompense !

Le 22 mai 1814, le grand chancelier de France, marquis Dambray, eut ordre de constater légalement les diverses circonstances qui avaient précédé, accompagné et suivi les inhumations des deux royales victimes de 93 ; et, sur l'indication que Sa Majesté elle-même lui avait donnée de plusieurs témoins oculaires qui pourraient le renseigner à ce sujet, dès le lendemain de cet ordre, le grand chancelier fit comparaître les cinq personnes qui lui avaient été désignées, au nombre desquelles se trouvait l'ancien premier vicaire de la paroisse de la Madeleine, qui, sur l'invitation de son curé malade, et par ordre formel du pouvoir exécutif provisoire, avait dû présider en habits sacerdotaux aux obsèques de Louis *Capet*, et faire préparer, dès la veille, tout ce qui lui fut prescrit pour l'inhumation de

Louis XVI. Or, sans entrer ici dans d'autres détails, il nous suffit de dire que le résultat de cet interrogatoire, fait sur la foi du serment, parut si péremptoire à Louis XVIII, qu'il fut décidé, dès ce jour, qu'on se rendrait sur place pour reconnaître l'endroit où avaient été inhumés les corps de Lous XVI et de Marie-Antoinette, et qu'on procéderait ensuite aux fouilles nécessaires pour rechercher leurs précieux restes, qu'on pouvait craindre anéantis, et qui heureusement se retrouvèrent.

Le 18 janvier 1815, M. le marquis Dambray, M. le comte de Blacas, le Bailly de Crussol, Monseigneur de la Fare, évêque de Nancy, Desclozeau, Danjou, l'abbé Renard, Distel, chirurgien du Roi, tous commissaires nommés pour procéder à la recherche des restes de Louis XVI et de la Reine son épouse, se trouvèrent, à 9 heures du matin, à l'ancien cimetière de la Madeleine; et là, sous leurs yeux, des ouvriers, du nombre desquels était un témoin de l'inhumation de la Reine, ayant fait une découverte de terre de douze pieds de longueur sur six de large et neuf environ de profondeur, rencontrèrent un lit de chaux de huit à dix pouces d'épaisseur, sous lequel gisaient, au milieu de plusieurs débris d'un cercueil, les ossements d'une femme, dont la tête entière se trouvait au milieu des gros os des jambes, en outre quelques débris de vêtements, et notamment deux jarretières élastiques assez bien conservées, etc.

Tous ces précieux restes, déposés dans des caisses scellées d'un cachet aux armes de France, furent respectueusement transportés dans le salon de M. Danjou, rue d'Anjou, 48, transformé en chapelle ardente... La chute du jour fit suspendre les recherches. Le procès-verbal fut dressé, signé par la commission qui ajourna au lendemain la suite de ses opérations à la tombe de Louis XVI...

Les recherches du 19 janvier 1815, faites avec les mêmes soins, par les mêmes commissaires, et en outre en présence du duc de Duras, du marquis de Brézé, de l'abbé d'Astras, vicaire général de Paris, l'un des administrateurs du diocèse, le siége vacant, produisirent les mêmes résultats dans l'exhumation du Roi que dans l'exhumation de la Reine. Le gisement des deux têtes séparées des troncs, trouvées dans la même situation, à l'autre extrémité des corps entre les os des jambes, convainquit si surabondamment tous les membres de cette imposante commission, qu'elle se crut, à bon droit, en possession des restes précieux de Louis XVI, et de la Reine son auguste épouse.

En conséquence, le 20 janvier 1815, Louis XVIII ordonna qu'un monument funéraire serait élevé à la mémoire du Roi et de la Reine Marie-Antoinette; et, pour consacrer l'endroit où leurs dépouilles mortelles avaient reposé pendant vingt-un ans, il fut arrêté que la première pierre de ce monument serait posée dans les fosses où leurs reliques ossaires avaient été trouvées, ce qui eut lieu en effet, le lendemain. Monsieur, comte d'Artois, accompagné de monseigneur le duc d'Angoulême et de monseigneur le duc de Berry ses fils, se trouva à neuf heures du matin à l'ancien cimetière de la Madeleine et posa la première pierre de la chapelle expiatoire, en présence d'un grand nombre de hauts personnages accourus à cette pieuse cérémonie.

L'endroit où fut posée la première pierre de

cet auguste monument, est occupé aujourd'hui par un autel, sous forme de tombeau antique, en marbre noir, placé dans la crypte au-dessous du maître autel de la chapelle supérieure, etc. L'édifice, dédié à saint Louis, a la forme d'une croix dont les trois branches sont terminées en hémicycle.

Les dépenses de ce monument, *tirées de la cassette particulière de Louis XVIII*, ont dépassé deux millions. Ses constructions, commencées le 21 janvier 1815, et achevées sous le règne de Charles X en 1826, furent exécutées sous la direction de M. Fontaine, architecte, ayant pour inspecteur M. Lebas, aujourd'hui membre de l'Institut.

Élevée non-seulement pour conserver de douloureux et pieux souvenirs, mais surtout pour servir de tabernacle au plus auguste de nos saints mystères, à la prière par excellence, au saint sacrifice de la messe pour le repos de l'âme de ces deux angéliques victimes, la chapelle expiatoire devait avoir un caractère en rapport avec sa double destination, ne ressembler en rien aux tombeaux des anciens, et moins encore à ces monuments fameux que nous avons visités en Égypte, qui ont vaincu le temps et devant lequels l'étranger qui passe s'étonne de leur grandeur, et n'y trouve, en y entrant, que d'énormes assises de granit et le silence des tombeaux vides... Il n'en est pas ainsi à la chapelle du Roi martyr; tout y est plein encore de sa présence, tout y rappelle son souvenir et celui de la Reine son épouse; tout y parle à l'âme, à l'esprit et au cœur; elle devait donc avoir son cachet propre, être en quelque sorte une œuvre d'architecture unique dans son genre, comme jusque-là, pour l'honneur de la France, l'avait été dans son espèce, l'attentat qui avait provoqué son érection.

Aussi, son auteur a tout créé, tout approprié à son sujet, comme le lecteur le verra plus loin, et avec tant de discernement que, d'après les hommes de goût et de science, ce monument porte tout à la fois l'empreinte d'une profonde douleur, d'une forte inspiration et donne une haute idée du talent de l'habile artiste, M. Fontaine, qui a su couvrir son chef-d'œuvre comme d'un crêpe de deuil, et faire pour ainsi dire, répéter par l'écho de ses murs, le cri d'indignation qui, le 21 janvier et le 16 octobre 1793, fut entendu non-seulement en France, mais dans toute l'Europe, et même au delà des mers.

Dans cet auguste monument en effet, la vérité elle-même, si longtemps muette, sort de ces tombes illustres respectueusement ouvertes, avec tant d'évidence, qu'on dirait que c'est Louis XVI, Marie-Antoinette, Madame Élisabeth en personne, qui se présentent pour mettre à nu, devant un peuple apaisé, leur vie tout entière, leurs intentions méconnues, leurs efforts calomniés, leurs sentiments les plus secrets, sans avoir désormais besoin de plaider leur cause au tribunal de la postérité.

Pour ajouter à l'impression et à l'autorité de ces dépositions suprêmes, comme aussi pour donner une juste idée du monument funèbre érigé à leur mémoire, nous avons demandé aux artistes la reproduction de son ensemble et de quelques-uns des précieux détails qu'il renferme. Aussi, nous osons espérer qu'au moyen de ce que nous avons dit de son architecture, et des six gravures choisies, le lecteur ému pourra, en quelque sorte, voir ce qu'il entend et toucher ce qu'il lit.

Il n'est donc pas étonnant que la religion du malheur et des pieux souvenirs aime à visiter et visite fréquemment le monument érigé à Louis XVI et à la Reine Marie-Antoinette. Mais aussi, nous ne craignons pas de le dire, nul visiteur sérieux n'entre dans cette enceinte sans éprouver un indicible sentiment de respect, sans être ému comme malgré lui, tant les souvenirs douloureux que ce saint lieu rappelle et les divers objets tous emblématiques qui s'offrent de toute part au spectateur, vont à l'âme et l'élèvent vers Dieu...

Le Verbe divin est là vivant dans son tabernacle, sous les voiles de son amour, et dont la présence réelle, quoique invisible, inspire le religieux sentiment de l'invisible Divinité, le respect et l'amour de celui qui lit jusqu'au fond des consciences!

Si le visiteur s'arrête à considérer pendant quelques instants, avec quelque gravité, dans deux groupes de marbre placés vis-à-vis l'un de l'autre sous les deux coupoles de la petite croix grecque du monument, au milieu de l'hémicycle de droite — *œuvre de Bosio*, — la magnifique statue de Louis XVI à genoux soutenu par un ange qui d'une main le relève, et lui montre de l'autre le ciel où une impérissable couronne l'attend, le cœur s'attriste, l'âme bondit d'indignation, et malgré soi on s'écrie : Quels temps ! quels crimes !

Dans l'hémicycle de gauche, à quelques pas du sanctuaire, apparaît aussi sur son piédestal —*œuvre de Corto*,— la merveilleuse statue de la Reine, également à genoux, les yeux fixés sur une croix que la Religion, sous les traits de Madame Élisabeth, porte en ses mains; à cette vue, qui rappelle et retrace l'une des plus tristes pages de notre histoire, tout visiteur, quelles que soient ses opinions et son culte, se sent ému jusqu'au fond de son être, et parfois ses yeux se mouillent de larmes.

Que n'y aurait-il pas à dire de ces grandes et admirables choses tracées en lettres d'or sur une table de marbre noir, fixée aux piédestaux des statues du Roi et de la Reine? Nous parlons du céleste testament que Louis XVI, vingt jours avant de monter sur l'échafaud, et dans la prévision de son arrêt de mort, écrivit de sa propre main dans la prison du Temple, et de l'immortelle lettre testamentaire que, de la Conciergerie, quelques heures avant de monter sur la fatale charrette, la Reine Marie-Antoinette, si bonne, si digne et si calomniée, écrivit à Madame Élisabeth la sainte, pour lui dire le dernier adieu, et lui recommander ce qu'elle avait de plus cher, ce qu'elle regrettait le plus, ses deux jeunes enfants qui allaient devenir doublement orphelins ! Oh ! en lisant ces deux écrits, le cœur le plus dur trouve de l'intérêt pour une si grande infortune supportée avec non moins d'héroïque courage que de sublime résignation.

Ah ! le lecteur trouvera dans ces deux écrits, qui assurément passeront à la postérité la plus reculée, d'irrécusables témoignages d'innocence, de candeur, de force, de résignation sublime et d'un courage héroïque. Foi vive, piété sincère, amour des ennemis et pardon sans réserve à ceux qui les immolent, et enfin désir et souhait que le sang royal qu'ils vont répandre soit utile à ramener l'ordre et serve au bonheur de la France ; n'est-ce pas là le langage des martyrs ?

Or, puisque la dernière pulsation du cœur d'un martyr lui assure l'entrée du ciel et transmet un nouveau nom glorieux aux âges futurs, tout porte à croire, quoique jusqu'ici l'Église ait gardé le silence, que l'immolation du Roi et de la Reine de France leur aura ouvert aussi, à leur dernier soupir, les portes de l'éternité bienheureuse. C'est ainsi que s'exprima Pie VI, en plein consistoire, le 17 juin 1793.

Et même, humainement parlant, puisqu'au milieu des orages de la plus terrible révolution, malgré la chaleur des partis, on fut si persuadé des vertus de Louis XVI, qu'on l'annonça d'une voix unanime, à quelques exceptions près, comme l'homme le plus honnête de son royaume, cet hommage universel ne nous fait-il pas douter si nous devons encore prier pour lui, ou l'invoquer, en remerciant Dieu de la gloire dont il a récompensé ses vertus, sa résignation et sa mort ?

Quoi qu'il en soit de ce secret de la sagesse divine, il n'est pas moins vrai de dire que le monument élevé à sa mémoire est un sanctuaire singulièrement auguste et respectable ; que là, tout, depuis la lampe qui brûle et veille jour et nuit devant le Saint des saints, jusqu'à ses petits dômes qui ne laissent pénétrer qu'une clarté mystérieuse, tout invite au recueillement et élève l'âme vers Dieu, pour le conjurer de préserver désormais le beau pays de France des malheurs que nos pères ont vus, et dont Dieu seul a le secret et connaît les dénoûments!

Ainsi, la chapelle expiatoire, considérée sans passion, sous son véritable point de vue, mérite d'être visitée et surtout d'être connue dans son ensemble et jusque dans ses plus petits détails, car elle est, en son genre, un véritable chef-d'œuvre d'architecture française; aussi, dans tous les siècles, on la considérera comme un modèle de convenance, de haut savoir et de génie.

Cependant, cette admirable chapelle, personne jusqu'à ce jour, que nous sachions, n'a entrepris de la doter de sa notice historique, tandis que des monuments d'une bien moindre importance, soit en France, soit à l'étranger, ont chacun la leur depuis leur érection; peiné et surpris d'une pareille lacune, la pensée nous est venue de tâcher de la remplir le moins mal possible, et d'y faire entrer aussi tout ce qui s'y rattache, afin de laisser à la chapelle expiatoire une preuve de notre religieux attachement et de notre ministère dans son enceinte. Pour cela, nous avons dû aviser aux voies et moyens de réaliser notre projet ; et ayant eu la bonne fortune de découvrir tous les éléments dont nous avions besoin, nous avons composé ce livre, qui n'a en lui-même et à nos yeux d'autre mérite que d'être la fidèle reproduction des documents épars et authentiques qui ont été amiablement mis à notre disposition.

Désirant par-dessus tout arriver à la plus exacte vérité et ne pas sortir de ses limites, nous nous sommes mis en garde contre la crédulité complaisante qui admet tout sans preuves, et contre l'incrédulité prévenue qui rejette tout sans le moindre examen. A cette fin, nous n'avons épargné ni temps, ni pas, ni recherches, ni démarches pour mériter pleine et entière confiance du public.

Cette notice n'étant ni la vie, ni la biographie, ni l'oraison funèbre des royales victimes dont nous aurons à raconter le courage et l'infortune, et bien moins encore une invective jetée à la face de qui que ce soit, mais simplement le récit de faits lamentables, faits qui, depuis longtemps, appartiennent à l'histoire, il est à espérer que notre modeste rôle de narrateur ne portera ni ombrage ni déplaisir à personne.

Arrivé à cet âge où l'homme sensé ne peut plus nourrir l'illusion de recommencer la vie, et, d'autre part, étranger, comme prêtre, à tout esprit de parti, nous n'avons pas fouillé bibliothèques et archives pour y trouver un aliment aux passions ! Sans doute la date sanglante de 1793 sera à jamais une époque néfaste et dûment flétrie, mais comme nous n'avons ni à accuser, ni à maudire, ni à élever, ni à abaisser autrui, et que ceux d'entre les grands coupables de ces jours de douloureuse mémoire qui ne se sont pas dévorés les uns les autres sont morts et ont comparu devant la justice de Dieu, ce n'est pas à nous à les juger ! Et quels accusateurs plus accablants et plus impitoyables trouveraient-ils qu'eux-mêmes ? Aussi nous n'en parlerons pas ; mais si le respect dû à leurs cendres nous dit de laisser leurs tristes noms en repos, quelque chose de plus consolant nous l'ordonne et l'exige, c'est l'oubli et le pardon sans réserve descendu sur eux, et de l'échafaud du Roi et de celui de la Reine; et on peut le dire sans exagération, pareil tableau, où peuples et rois trouveront tour à tour et un merveilleux exemple, et une utile leçon, offrira au lecteur un sujet aussi palpitant d'intérêt que nul autre ?

Si pourtant, malgré cette franche et naïve déclaration et contre notre attente, certains esprits faux ou malintentionnés devaient voir dans ce modeste écrit autre chose qu'une simple exhumation de faits historiques, qu'un appel à l'ordre de tous, un respect de soi et un juste tribut de regrets et de louanges dus à la mémoire des deux plus grandes victimes que jamais la fureur des factieux ait immolées à son sanglant délire, nous leur ferions observer que, presque chez tous les peuples, on a vu de grands crimes, et que, partout aussi, on a établi des sacrifices pour les expier ! Et, sans remonter bien haut, sans aller bien loin, que voit-on *outre-Manche ?* N'a-t-on pas élevé une statue sur le lieu même où Charles Ier fut décapité ? Et le jour anniversaire de la mort de ce roi n'est-il pas, pour toute l'Angleterre, un jour de prière et de jeûne ?

Qui donc aujourd'hui trouverait à redire contre l'érection de la chapelle expiatoire de la rue d'Anjou, devenue monument historique ? Serait-ce une de ces consciences ombrageuses qui croient que la patrie est en danger quand un écrivain ose condamner, sinon le criminel, du moins le crime ? Eh bien ! alors même qu'il en serait ainsi, notre entreprise se trouverait pleinement abritée sous les mémorables paroles d'un grand homme, de Napoléon Ier, parlant de la mort de la Reine Marie-Antoine à l'un de ses ministres, à M. le comte Mollien... Les voici :

« Tuer une femme qui n'avait que des titres d'honneur sans pouvoir, emprisonner une princesse étrangère, le plus sacré des otages, la traîner du trône à l'échafaud, il y a là quelque chose de pire que le régicide. » T. III, p. 123, 1845.

D'autre part, on ne saurait oublier le juste tribut de louanges qui fut rendu, dans tous les salons de Paris et ailleurs, aux sentiments élevés et on ne peut plus délicats de Sa Majesté l'Impératrice Eugénie, quand on sut que, conformément à son désir et à ses invitations, les grandes soirées qui pourraient avoir lieu aux Tuileries le 20 janvier, devront finir et se clore avant minuit, par égard pour la majesté du malheur et la dignité de l'infortune !

En outre, un de nos illustres maréchaux de France ayant désiré lire et ayant lu avec *beaucoup d'intérêt*, selon son expression, la notice historique consacrée à la chapelle expiatoire de la rue d'Anjou, et n'ayant vu aucun inconvénient à sa publication, notre modeste travail pourra être édité, ce nous semble, sans contrister qui que ce soit.

Au surplus, toute liberté d'appréciation appartenant de droit au lecteur, il verra et il jugera et les hommes et les choses.

Quant au plan et à l'ordonnance des faits à exposer, il nous suffit de dire que nous les avons classés selon l'ordre des temps, comme on le verra à la table des matières.

CHAPITRE II.

Louis XVI. — Sa naissance, son éducation première, ses précepteurs. — Son mariage. — Sa douleur. — Sa lettre au préfet de police. — Envoi de sa pension pour les blessés. — Distribution de 200,000 fr. aux pauvres pour obtenir la guérison de Louis XV.

Comme on ne saurait donner une juste idée de la chapelle expiatoire sans rappeler avant tout les circonstances particulières qui ont fait ériger cet auguste et funèbre monument, nous avons jugé à propos de commencer par Louis XVI qui en est le principal objet.

Né à Versailles le 23 août 1754, du dauphin de France et de Marie-Joseph de Saxe, Charles-Louis, d'abord duc de Berry, puis dauphin, se montra dès l'âge le plus tendre ce qu'il serait jusqu'à la fin, d'un caractère doux, intelligent, sensible, bienfaisant et juste. Son père, si digne de ce nom, lui transmit avec la vie la beauté de son âme, la droiture de son cœur, son amour pour la religion, son goût pour l'étude et se chargea de son éducation première ; mais lorsque le temps vint pour lui de passer en des mains étrangères, l'évêque de Limoges et le duc de la Vauguyon, hommes aussi remarquables par l'étendue de leurs connaissances que par la pureté et la noblesse de leurs sentiments, furent chargés de développer son intelligence et de lui apprendre tous les devoirs qui caractérisent l'homme, le prince et le chrétien.

Esprit précoce, figure céleste, ayant tous les traits de ceux de sa race, ce jeune prince, élevé dans le château de Meudon, grandit à vue d'œil sous la direction de ses maîtres aussi éclairés que pieux, dans le respect de son rang et dans un amour religieux du peuple qu'il était appelé à gouverner un jour ; et il fit à cette école, dans la science et la vertu, des progrès tels, qu'à l'âge de quatorze ans il était déjà digne d'être l'ornement d'une cour dont il devait être l'exemple, le modèle et le père.

Parvenu à sa seizième année il fut marié à Marie-Antoinette, archiduchesse d'Autriche, agée de quinze ans, portant sur son noble front la majesté des Césars et la majesté des Bourbons. Mélange heureux de grâce et de bonté, cette jeune princesse, d'une rare beauté, excita l'admiration de tous et lui gagna tous les cœurs dès son arrivée en France. Cette union était d'autant mieux assortie, que les attraits de la jeunesse, l'affabilité du cœur et les sentiments religieux étaient les mêmes dans ces deux illustres rejetons des deux plus grandes familles de l'Europe.

Lors de son mariage, Charles-Louis dut aller se fixer au palais de Versailles, y rester étranger, par ordre de Louis XV, son aïeul, aux affaires de l'Etat, et continuer, jusqu'à son avénement au trône, quatre ans plus tard, cette vie de recueillement et d'amour pour l'étude et le travail, la seule passion qu'il aura dans sa vie ; aussi sa jeunesse fut-elle sans orage comme sans erreur.

Le 30 juin 1770, la ville de Paris voulut donner une grande fête pour honorer le récent mariage du dauphin. La journée fut brillante, mais la soirée fut très-malheureuse ; l'annonce d'un merveilleux feu d'artifice qu'on devait tirer à la tombée de la nuit, attira sur la place de Louis XV, entourée de fossés et dont les avenues étaient alors en réparation de pavage, y attira une telle foule de curieux que, dans un moment d'effroi, les spectateurs, pressés en tous sens, poussèrent le cri de détresse, le *sauve qui peut*, et par suite il y eut un certain nombre de victimes, soit dans les fossés, soit dans la rue Royale effondrée en tous sens.

Quand cet horrible sinistre fut connu à Versailles, le Dauphin, au désespoir, s'empressa d'écrire au préfet de police la lettre que voici :

« Monsieur Sartine, je suis désolé des malheurs que j'apprends ! On me dit que, faute d'avoir assuré la sécurité publique dont vous êtes chargé, il y a eu beaucoup de victimes pour la clôture de la fête que la bonne ville de Paris a cru devoir donner à l'occasion de mon mariage ! Ah ! ma douleur est plus profonde que je ne saurais vous l'exprimer en ce moment. Je viens de recevoir ma pension, et je vous l'envoie tout de suite pour venir en aide aux premiers besoins de ceux qui souffrent et des malheureux parents des victimes qui ont été étouffées.

» L. Dauphin. »

Lorsque, fin avril 1774, Louis XV fut atteint de la cruelle maladie qui devait l'emporter, le Dauphin, sorti de Versailles par ordre du Roi qui commandait expressément d'éloigner l'héritier du trône de toutes les chances de la contagion, ne pouvant prodiguer ses soins ni témoigner de vive voix à son aïeul son attachement, écrivit aussitôt au contrôleur des finances la lettre suivante :

« Je vous prie, Monsieur, de distribuer dans la matinée 200,000 fr. aux pauvres, afin qu'ils prient pour la conservation du Roi. Et si vous trouvez que la distribution de cette somme puisse nuire à vos arrangements, vous la retiendrez sur mes pensions.

« L. Dauphin. »

Il y a assurément dans l'une et l'autre de ces deux lettres le cœur d'un prince ami du peuple et digne du trône !

CHAPITRE III.

Avénement de Louis XVI au trône. — Ses craintes. — Ses vues.— Pureté de ses intentions. — Ses réformes.— Sa popularité. Dotation de cent jeunes filles pauvres.— Les arts et métiers à Versailles. — Discours des dames de la halle au Roi, à la Reine et au Dauphin. — Choix de ses ministres. — Necker. — États généraux, discours d'ouverture.— Barnave.— Salle du jeu de Paume. — Agitation. — Les trois ordres. — Mirabeau.

Louis XV ayant rendu le dernier soupir le 10 mai 1774, son petit-fils, dauphin de France, devint son successeur et prit le nom de Louis XVI.

A l'annonce subite qu'il était Roi, une sainte frayeur s'empara de son âme ; et, et s'adressant à son auguste compagne tombée à genoux comme lui, ils s'écrient, dans un douloureux sentiment : « Mon Dieu ! protégez-nous, nous régnons trop jeunes ! Je suis Roi, ajoute le le prince et je n'ai que vingt ans ; quel fardeau ! et quel malheur ! »... On eût dit un cri de détresse. Hélas ! pressentait-il déjà le poids de la couronne et cette carrière de souffrances et de calamités à laquelle il était destiné ? Lisait-il dans l'avenir ce malheur de régner, terrible et dernière leçon qu'en mourant il devait léguer à son fils ? Combien est donc digne du trône celui qui craint tant d'y monter !

Jamais Roi n'était monté sur le trône plus jeune, avec des intentions plus pures, plus droites, ni dans des temps plus difficiles que Louis XVI. Prince profondément honnête, esprit éclairé, ayant le coup d'œil juste, des mœurs pures et attaché comme nul autre à tous ses devoirs, il n'avait pas seulement la pensée, le goût, le désir, mais la passion d'être le père de son peuple, de se consacrer à le rendre heureux, de s'en sentir aimé et de faire sa félicité de la félicité de ceux qu'il était appelé à gouverner ; aussi, courut-il droit aux mesures qu'il jugeait les plus propres à lui gagner les cœurs, à la réforme des abus qu'il découvrait, ou qui lui étaient signalés. Il rappela d'abord les parlements, il supprima les corvées, il affranchit jusqu'au dernier de ses sujets, il porta la consolation dans tous les asiles du malheur, il adoucit le sort des prisonniers, il mitigea les lois criminelles, il interdit pour toujours la *question judiciaire*; aussi, toute la nation applaudit à cette administration aussi sévère que ses mœurs. De là, la popularité et l'affection dont il jouissait. Alors, on vit le peuple de Paris courir au Pont-Neuf, inscrire, sur le piédestal de la statue du bon Henri IV : Il est ressuscité, *surrexit*; et les voix les plus écoutées de l'Europe annonçaient à ce jeune Roi de grandes destinées !...

Au jour de la naissance de Madame Royale, sur la demande de la Reine, cent pauvres filles furent dotées des deniers du Roi !...

Le 28 octobre 1783, à 7 heures du soir, le bonheur intérieur du jeune Roi se trouvant complété par la naissance d'un prince vivement désiré, bientôt l'allégresse s'empara de la grande cité; carillons des cloches, illuminations spontanées, en un mot les réjouissances habituelles en pareille occasion prirent un caractère si particulier de popularité, que nous ne pouvons résister à la tentation de raconter la touchante anecdote, que voici :

Les arts et métiers de Paris dépensèrent des sommes considérables pour se rendre à Versailles, en corps, avec leurs différents attributs. Arrivés dans la cour du château, ils se distribuèrent dans un ordre ingénieux et présentèrent un plaisant spectacle; la musique précédait chaque groupe : Les *ramoneurs* portaient une cheminée artistement décorée, au haut de laquelle chantait : *Gloire à Dieu,* le plus jeune de leurs compagnons. Les *Porteurs* promenaient avec bonheur une chaise dorée dans laquelle on voyait une belle nourrice et un petit *dauphin.* Les bouchers conduisaient un jeune bœuf gras. Les serruriers frappaient en cadence sur des enclumes. Les cordonniers achevaient une paire de petites bottes, et les tailleurs, un petit uniforme qu'ils présentèrent au Roi. Les dames de la halle complimentèrent la Reine et furent reçues, au nombre de 50, avec la cérémonie accordée à leur classe ; presque toutes portaient des diamants. La princesse de Chimay les introduisit ; et l'une d'elles prenant la parole, prononça les trois petits discours que voici :

AU ROI.

« Sire, le ciel devait un fils à un Roi qui regarde son peuple comme sa famille ; nos prières et nos vœux le demandaient depuis longtemps ; ils sont enfin exaucés, nous voilà sûres que nos enfants seront aussi heureux que nous, car cet enfant doit vous ressembler ! Vous lui apprendrez, Sire, à être bon et juste comme vous : nous nous chargeons d'apprendre aux nôtres comment il faut aimer et respecter toujours son Roi. »

A LA REINE.

« Il y a longtemps, Madame, que nous vous aimons sans vous le dire, et nous avons besoin de tout notre respect pour ne pas abuser de la permission de vous l'exprimer aujourd'hui !

AU DAUPHIN.

Vous ne pouvez entendre encore, cher enfant, les vœux que nous faisons aujourd'hui autour de votre berceau ; on vous les expliquera quelque jour ; ils se réduisent tous à voir en vous l'image de ceux de qui vous tenez la vie ! »

Elles avaient promis le secret sur l'auteur de ces charmants discours ; mais l'une d'elles dit au Roi : « C'est le fils adoptif de Voltaire, M. de la Harpe. »

Le Roi se montra si touché de ces affectueux et simples compliments, qu'il fit donner à toutes ces femmes un splendide repas, et le public fut admis à circuler autour de leur table. Puis, quand la reine vint de Versailles à Paris, le 21 mai 1784, pour remercier Dieu de sa délivrance, de lui avoir donné un fils, et pour remercier aussi le peuple de son affectueux dévouement à la famille royale, la Reine y reçut pour le Roi, pour elle et pour son nouveau-né les bénédictions de Dieu, et, dans son enthousiasme, le peuple de Paris les acclamant avec bonheur, se livra aux transports d'une joie inexprimable.

Nous avons rappelé ces divers faits fort simples, mais éloquents dans leur simplicité, pour bien convaincre le lecteur que Louis XVI n'était pas, comme des hommes malintentionnés ont osé le dire sans pudeur, détesté de son peuple; qu'au contraire, d'un bout à l'autre du royaume, avant que les ennemis de l'ordre n'eussent à son égard perverti l'opinion publique, il était aimé et adoré, parce qu'il était juste, bon, affable et populaire.

D'abord il choisit ses ministres parmi les plus honnêtes gens du royaume; il suffit de nommer Turgot et Malesherbes. Mais ces hommes honorables avaient à la cour et ailleurs des ennemis puissants, dont l'un, que nous ne nommerons pas, avait juré la perte de la dynastie dans l'espoir de monter après sur le trône. Ces ministres rencontrèrent de toute part de tels obstacles au bien qu'ils voulaient faire, qu'ils furent obligés de se retirer... Necker, banquier génevois, fut alors chargé de l'administration des deniers publics. Les finances étant obérées pour l'époque, les talents de Necker inspirèrent une si grande confiance qu'il contracta aisément des emprunts au nom de l'Etat, et trouva assez de ressources pour faire face aux besoins du moment.

Ce fut sous son ministère qu'éclata la guerre de l'indépendance américaine. Cette guerre devait relever l'honneur du pavillon français, mais elle obéra encore le trésor. En 1778, la cour de Versailles ayant traité ouvertement avec les États-Unis, l'Angleterre irritée déclara la guerre à la France, et mit dans ses intérêts la Hollande, la Prusse, la Russie et la Porte Ottomane ; de là, frais nouveaux et, après beaucoup de dépenses pour le trésor, la paix ne fut signée, à Versailles, qu'en 1783.

Au mois de janvier 1781, Necker ayant publié le *compte rendu* de la situation financière du royaume, et démontré l'insuffisance des recettes pour couvrir les dépenses, il fut renvoyé. Calonne, son successeur, imagina de convoquer, en 1784, une assemblé des notables : il proposa (ce qui était juste) de faire contribuer aux charges publiques les trois états; ce moyen ne fut pas agréé, et Calonne céda la place à l'archevêque de Toulouse, Loménie de Brienne. Ce ministre eut recours à de nouveaux impôts ; il voulut établir l'impôt du timbre; mais il fallait faire enregistrer l'édit par le parlement, qui, s'y étant refusé obstinément, fut exilé à Troyes, d'où il fut rappelé un mois après.

Enfin le seul remède qu'on trouva pour guérir les maux de la France, ce fut de convoquer les états généraux, qui n'avaient pas été réunis depuis 1624. Le parlement, la cour, les ministres, le peuple, tous désiraient également cette convocation. Il fut donc décidé que les trois ordres se réuniraient à Versailles le 5 mai 1789, et que le tiers état nommerait un nombre de députés égal à celui de la noblesse et du clergé, mais que les trois ordres délibéreraient séparément.

Au jour que l'édit de convocation fut enregistré, expira l'influence de la magistrature parlementaire, et elle se donna un maître qui écouterait moins ses remontrances que Louis XVI.

Le 5 mai 1789, les députés des états se réunirent à Versailles, dans la salle des Menus-Plaisirs, pour l'ouverture de l'assemblée. Dans un paternel et admirable discours, le Roi fit connaître toute la pureté et la droiture de ses intentions et son constant désir de se consacrer sans réserve au bonheur et à la gloire de la France. « Tout ce qu'on peut attendre, dit-il entre autres choses, du plus tendre intérêt au bonheur public, tout ce qu'on peut demander à un souverain le premier ami de son peuple, vous pouvez l'espérer et l'attendre de moi ! » Le tiers état ne répondit pas à l'attente du monarque ; il attira à lui quelques membres des deux autres ordres, et se proclama, le 15 juin 1789, assemblée nationale.

Le 20 juin, une proclamation suspendit les séances jusqu'au 23, et annonça pour ce jour une séance royale. Cependant Bailly, président du tiers état, ne se présente pas moins à la salle de son ordre et la trouve fermée. Ses collègues arrivent successivement ; des groupes se forment sur la place et s'animent entre eux ; irrésolus dans leur agitation, ils suivent Barnave qui marche vers une salle du jeu de Paume ; ils s'en emparent, et là, le tiers ordre se déclare en permanence jusqu'à l'achèvement d'une nouvelle Constitution.

Le 23 juin, la séance royale annoncée s'ouvrit. Après que le roi eut de nouveau parlé aux trois ordres, comme père et comme souverain, un de ses ministres lut à l'assemblée une déclaration qui annule, comme illégales, les résolutions prises par le tiers état et par les membres qui se sont ralliés à lui. Puis, le Roi dit : «Messieurs, la séance est levée ; je vous ordonne de vous séparer ; vous vous rendrez demain matin chacun dans les chambres qui vous sont affectées à vos ordres.» Le Roi se lève et sort, suivi de la noblesse et du clergé, mais le tiers et les membres qu'il a attirés à lui restent immobiles sur leurs siéges.

Le grand maître des cérémonies entre et invite, de la part du Roi, le président de faire évacuer la salle. « Adressez-vous, répond Bailly, à l'assemblée. » Au même instant, Mirabeau s'avance et, d'un ton violent, refuse d'obéir... « Les communes de France, s'écria-t-il, ont résolu de délibérer... quant à vous, Monsieur, vous n'avez ni place ni voix dans cette enceinte. Allez dire à ceux qui vous ont envoyé que nous sommes ici par la puissance du peuple, et qu'on ne nous en arrachera que par la force des baïonnettes. » L'assemblée du tiers ordre, confirmant ses précédents décrets, se déclare inviolable.

Ah! un 18 brumaire eût assurément donné à penser aux factieux, brisé pareille résistance, arrêté peut-être la révolution et sauvé la monarchie; mais le pouvoir n'ayant pas eu recours à cet acte de sa souveraine puissance, bien légitime en pareil cas, la révolte du tiers ordre ne tarda pas à se communiquer à la multitude, et une insurrection eut lieu à Paris; le 14 juillet 1789, les barrières furent incendiées et la Bastille fut prise d'assaut. A partir de ce jour, la révolution était faite, et l'avenir, déjà si gros d'orages, apparut comme un abîme prêt à tout engloutir.

De Paris, la commotion se propageant de proche en proche, arrive dans les provinces, s'empare des masses populaires, et la révolution, d'un pas de géant, marche vers son but.

Ce n'est pas à dire, tant s'en faut, qu'il n'y eût plus en France ni gens de bien, ni dévouement, ni sujets fidèles; ah! il y en avait et beaucoup, et si leur inertie contribua aux succès des méchants, en voici tout le secret et l'explication.

Lorsque, dans des jours d'incrédulité, de tempête et d'ouragan, des meneurs audacieux, habiles à exciter et à exploiter tout ce qu'il y a de subversif dans la passion humaine, se mettent à la tête de cette tourbe de révolutionnaires qui ne craignent plus de trouver un châtiment outre-tombe, tels qu'il y en a partout, et surtout dans les grands centres de population, et que s'entendant à demi-mot, ils appellent à soi, par le bruit du tocsin, des tambours et même du canon, cette lie de l'espèce humaine qui, dans les temps d'orage, monte toujours à la surface et couvre le reste de sa hideuse écume, alors coûte que coûte pour arriver à leurs fins, sans se mettre en peine de charger leur conscience et de flétrir l'histoire de leur pays, alors ces hommes qui ne savent se montrer que par des actes violents, se portent aux derniers excès de la démagogie, à moins qu'un bras de fer, connaissant leurs sinistres desseins, ne les arrête en temps opportun ou ne les brise promptement.

Alors, aussi les honnêtes citoyens, ordinairement calmes, saisis de stupeur, se reposant sur l'action du pouvoir souverain, demeurent dans l'attente, inertes faute d'un signal de ralliement, et laissent le petit nombre se grossir et disposer comme il l'entend des destinées des empires. Hélas ! combien de fois ne l'a-t-on pas vu !

Telle fut aussi la sécurité de 1789, et l'histoire nous dit ce qu'il en est advint ! Cependant tout porte à croire que celui qui devait se montrer si courageux et si fort dans les périls et le malheur, n'aurait manqué pour arrêter, dominer l'esprit de révolte, ni de décision ni de courage, si, plus confiant en ses lumières, il s'en fût moins rapporté aux perfides conseils de certains hommes qu'il aimait à consulter, qu'on lui avait dit capables et qu'il devait croire honnêtes, ne l'eussent, connaissant sa mansuétude et son extrême répugnance à faire couler une goute de sang pour sa propre défense, ne l'eussent dissuadé de recourir à l'emploi de la force contre ses propres sujets.

Et qui donc oserait aujourd'hui accuser de faiblesse un roi qui, sans autres armes que sa vertu, supérieur à toutes les craintes comme à tous les dangers, fit, seul contre tous, pâlir des hommes armés de poignards et altérés de sang, leur apprit, par son mâle courage, qu'il est une majesté inaccessible aux atteintes des méchants! Tout ce qu'on peut lui reprocher, c'est d'avoir trop tempéré sa puissance par sa bonte; d'avoir trop aimé céder quand il fallait sévir, ou plutôt ne lui reprochons rien, et demandons-nous à nous-mêmes ce qu'aurait pu faire à sa place tout autre prince pour sauver sa couronne et son pays, dans des conjonctures qui déconcertent tout à la fois et la prudence et l'énergie, surtout quand ceux qui auraient dû l'aider à conduire au port le vaisseau de l'Etat, venaient de le lancer à travers des flots où sans un miracle il devait s'engloutir et se perdre!

CHAPITRE IV.

Départ des factieux pour aller assassiner le Roi et la Reine à Versailles. — Les portes du château sont forcées, des gardes égorgés. — Le Roi paraît au balcon. — Entrée de la famille royale à Paris. — Calme momentané. — Nouvelle insurrection. — Attaque des Tuileries. — Rœderer. — La famille royale se rend au sein de la Convention. — Elle est reléguée dans la tribune d'un petit journal. — Décret de déchéance. — Le Roi et sa famille aux Feuillants pendant trois jours, de là on les enferme au Temple. — Le Roi y fait son testament, etc., etc.

Le 5 octobre 1791, sous le prétexte d'une disette fictive, des hordes de mégères et de furies que le crime avait ramassées, partent pour Versailles ; puis, arrivent derrière elles, de hideux bataillons déguenillés qui, dès le lendemain, enfoncent les portes du palais, massacrent plusieurs gardes du corps et veulent tuer et la Reine et le Roi. Sa Majesté, ne craignant pas d'aller au-devant de la mort, se montre sur le balcon, adresse quelques paroles aux séditieux, et la révolte demeure vaincue, et ses acteurs allaient se retirer quand l'un des principaux meneurs se met à crier : Le Roi à Paris ! et tous répètent le même cri : Le Roi à Paris !

« J'irai habiter Paris, » répond le Roi, et Sa Majesté partit de Versailles, plutôt en prisonnier qu'en souverain, escorté, précédé et suivi par une immense multitude en désordre, armée jusqu'aux dents, ivre et couverte de boue et de sang, portant, au bout de leurs piques, les têtes des gardes massacrés.

Après six heures de marche, au milieu des injures et des malédictions, la famille royale arrive à Paris et trouve une population saisie de stupeur. « Ne craignez rien, amis et citoyens, crient à tue-tête, les épouvantables femmes de la funèbre cohorte, *nous* vous conduisons la *boulangère*, le *boulanger* et le *mitron !* Vous aurez du pain ! »

La présence de la famille royale aux Tuileries inoccupées depuis longues années, sembla ramener le calme dans les esprits égarés ; mais ce calme fut de courte durée, car le 19 du même mois une insurrection nouvelle éclate et en présage bien d'autres. Du 2 mars 1792, le palais des Tuileries ne fut plus qu'une véritable prison et comme le tombeau anticipé de la monarchie expirante.

Le 8 août 1792, les factieux de l'Assemblée législative, parfaitement au courant de tout ce qui se prépare, lui déclarent que si la déchéance, depuis longtemps promise et impatiemment attendue, n'est prononcée dans la séance du lendemain, la générale sera battue, et qu'au bruit du *tocsin* et du *canon*, trente mille hommes iront prendre d'assaut les Tuileries. Or, le 9 au soir, la déchéance n'ayant pas été décrétée, au dernier coup de minuit, on entend le tocsin, et le premier coup de canon retentit, et les *sans-culottes* sous les armes, se dirigent vers les Tuileries.

Dès avant la pointe du jour, le Roi avait réuni son conseil, et délibérait sur les moyens de défense, quand, sans s'être fait annoncer, Rœderer, procureur général de la commune, entre précipitamment, et dit : «Sire, l'iritation est extrême, vous ne pouvez pas compter sur la fidélité des deux mille gardes nationaux chargés de défendre le palais ; vos neuf cents Suisses seront égorgés ; pas une minute à perdre ; il n'y a plus de salut que dans l'Assemblée nationale ; l'opinion du département est qu'il faut vous y rendre de suite avec toute votre famille. »

Et à l'instant, pour épargner l'effusion du sang, et s'en rapportant à la parole de Rœderer, Louis XVI se lève sans anxiété, donne le bras à madame Elisabeth, la Reine prend ses enfants par la main, et, pleins de confiance, ils quittent les Tuileries, *où ils ne rentreront plus*, dans l'espoir, hélas! de trouver un asile dans le sein de l'Assemblée, *d'où le complot était parti*. Deux heures après, le trône de l'infortuné et courageux Louis XVI s'écroulait, et ses derniers défenseurs étaient massacrés à deux pas de lui.

Arrivé au milieu des représentants de la nation, le Roi leur dit : « Je viens ici, Messieurs, pour éviter l'effusion du sang, pour prévenir un grand crime, et j'estime que je ne puis être plus en sûreté qu'au milieu des députés de la nation. »

Le président Vergniaud, prenant la parole, répond : « L'Assemblée connaît ses devoirs: elle a juré de mourir à son poste, de maintenir les droits du peuple et ceux des autorités constituées. » Le Roi allait parler encore, quand, pour prévenir tout sentiment de respect pour la famille royale, elle est reléguée dans la tribune d'un petit journal, vrai réduit de huit pieds carrés, *loge du logographe.*

On annonce que les Tuileries sont à feu et à sang, le canon commence à gronder, le Roi fait dire aux gardes du château de déposer les armes. Le sang continue de couler à flots, et l'Assemblée nationale ne sort de son impassibilité que pour consacrer la rage des égorgeurs s'assouvissant encore sur des cadavres, et un député s'écrie : *Mais le sang qui coule est-il donc si pur ?*

Alors le président Vergniaud, député de la Gironde, proposa et fit décréter sous les yeux de la famille royale qu'une Convention nationale serait convoquée, et qu'en attendant, le chef du pouvoir exécutif serait provisoirement suspendu. La motion adoptée, l'Assemblée ordonne qu'une analyse de son décret soit publiée et affichée dans toutes les rues de Paris. Ces affiches portent : 1° le Roi est suspendu; 2° la liste civile est supprimée ; 3° le Roi et sa famille restent provisoirement en otage, et on avisera à donner un gouverneur au prince Royal.

L'Assemblée continue sa séance jusqu'à deux heures du matin, et jusqu'à la même heure la famille royale dut rester dans la loge du *logographe*, en attendant que le calme fût rétabli dans Paris, et qu'on eût préparé à la hâte, dans l'étage supérieur de l'ancien couvent des Feuillants, au-dessus des corridors où étaient établis les bureaux et le comité de l'Assemblée même, quatre cellules pour leur détention. La famille royale y fut conduite, gardée, surveillée et manquant de tout pendant trois jours. Un étranger, l'ambassadeur d'Angleterre, leur fournit du linge.

Une commission nommée pour préparer la décision de l'Assemblée sur la demeure qu'on devait assigner aux prisonniers des Feuillants, proposait de les enfermer dans le palais du Luxembourg; mais plusieurs députés ayant trouvé pareille résidence peu sûre et trop somptueuse, la commune de Paris parla des tours du Temple, et son avis ayant prévalu, la famille royale y fut conduite à cinq heures du soir, le 13 août, par Rœderer, procureur général, Chambon, maire de Paris, et par le *brasseur* Santerre, général de la garde nationale, entre deux haies de l'armée révolutionnaire. Elle dut traverser la place Vendôme, où gisait la statue équestre de Louis XIV, renversée de son piédestal, brisée et foulée aux pieds, au milieu d'une foule qui criait : *C'est ainsi qu'on traite les tyrans!*

Pour ménager la sensibilité du lecteur, nous passerons sous silence le navrant récit que nous a laissé M. Hue des brutales indignités auxquelles fut en butte la royale famille dès son entrée au Temple, où elle se trouva dans un dénûment presque absolu de toutes choses. Nous dirons seulement que, dans les premiers jours de sa dure captivité, elle descendait de temps en temps prendre l'air dans le jardin, conduite par Santerre et environnée de municipaux. Santerre absent, la promenade n'avait pas lieu, et un peu plus tard elle fut supprimée.

Le 29 septembre le Roi fut transféré dans la grosse tour ; dès lors la noble et malheureuse famille ne put se réunir qu'aux heures des repas. Du 11 octobre, le Roi ne put revoir sa sœur, sa femme et ses enfants que la veille de son immolation, et du 16 du mois de janvier, il fut gardé à vue : qu'elle horreur !

S'attendant à tout, ne pouvant plus se dissimuler le sort qu'on lui réservait et voyant d'un front serein la mort en face, Louis XVI fit, le 25 décembre 1792, son testament pour donner à son fils de sages conseils, léguer aux âges futurs l'expression des sentiments de son âme, et la preuve irrécusable de son innocence. Le voici :

CHAPITRE V.

Céleste testament de Louis XVI.

« Au nom de la Très-Sainte Trinité, du Père, du Fils et du Saint-Esprit, aujourd'hui, 25e jour de décembre 1792, moi, Louis XVI, Roi de France, enfermé avec ma famille dans la tour du Temple à Paris par ceux qui étaient mes sujets, et privé de toutes communications quelconques, même depuis le 10 du courant, avec ma famille, de plus impliqué dans un procès dont il m'est impossible de prévoir l'issue à cause des passions des hommes, et dont on ne trouve aucun prétexte dans aucune loi existante, n'ayant que Dieu pour témoin de mes pensées et auquel je puisse m'adresser.

» Je déclare ici, en sa présence, mes dernières volontés et mes sentiments. Je laisse mon âme à Dieu, mon créateur; je le prie de la recevoir dans sa miséricorde, de ne pas la juger d'après ses mérites, mais par ceux de Notre-Seigneur Jésus-Christ, qui s'est offert en sacrifice à Dieu son père pour nous autres hommes, quelque endurcis que nous fussions, et moi le premier.

» Je meurs dans l'union de notre sainte religion catholique, apostolique et romaine, qui tient ses pouvoirs, par une succession non interrompue de saint

Pierre, auquel Jésus-Christ les avait confiés; je crois fermement et je confesse tout ce qui est contenu dans le symbole, et les commandements de Dieu et de l'Église, les sacrements et les mystères tels que l'Église catholique les enseigne et les a toujours enseignés; je n'ai jamais prétendu me rendre juge dans les différentes manières d'expliquer les dogmes qui déchirent l'Église de Jésus-Christ, mais je m'en suis rapporté, et je m'en rapporterai toujours, si Dieu m'accorde la vie, aux décisions que les supérieurs ecclésiastiques, unis à la sainte Église catholique, donnent et donneront, conformément à la discipline de l'Église suivie depuis Jésus-Christ.

» Je plains de tout mon cœur nos frères qui peuvent être dans l'erreur, mais je ne prétends pas les juger, et je ne les aime pas moins en Jésus-Christ, suivant ce que la charité chrétienne exige et enseigne; et je prie Dieu de me pardonner tous mes péchés; j'ai cherché à les connaître scrupuleusement, à les détester, à m'humilier en sa présence. Ne pouvant me servir du ministère d'un prêtre catholique, je prie Dieu de recevoir la confession que je lui en ai faite, et surtout le repentir profond que j'ai d'avoir mis mon nom, quoique cela fût contre ma volonté, à des actes qui peuvent être contraires à la discipline de l'Église catholique à laquelle je suis toujours resté sincèrement uni de cœur. Je prie Dieu de recevoir la ferme résolution où je suis, s'il m'accorde la vie, de me servir, aussitôt que je le pourrai, du ministère d'un prêtre catholique pour m'accuser de tout mes péchés et recevoir le sacrement de pénitence.

» Je prie tous ceux que je pourrais avoir offensés par inadvertance, car je ne me rappelle pas avoir fait sciemment aucune offense à personne, ou ceux à qui j'aurais pu avoir donné de mauvais exemples ou des scandales, de me pardonner le mal que je puis leur avoir fait.

» Je prie tous ceux qui ont de la charité d'unir leurs prières aux miennes pour obtenir de Dieu le pardon de mes péchés.

» Je pardonne de tout mon cœur à ceux qui se sont faits mes ennemis, sans que je leur en aie donné aucun sujet, et je prie Dieu de leur pardonner, de même qu'à ceux qui, par un zèle malentendu, m'ont fait beaucoup de mal.

» Je recommande à Dieu ma femme et mes enfants, ma sœur, mes tantes, mes frères et tous ceux qui me sont attachés par les liens du sang ou par quelque autre manière que ce puisse être ; je le prie particulièrement de jeter des yeux de miséricorde sur ma femme et mes enfants et ma sœur, qui souffrent depuis longtemps avec moi, de les soutenir par sa grâce, s'ils viennent à me perdre et tant qu'ils resteront dans ce monde périssable :

» Je recommande mes enfants à ma femme ; je n'ai jamais douté de sa tendresse maternelle pour eux ; je lui recommande surtout d'en faire de bons chrétiens et d'honnêtes hommes ; de ne leur faire regarder les grandeurs de ce monde, s'ils sont condamnés à les éprouver, que comme des biens dangereux et périssables, et de tourner leurs regards vers la seule gloire solide et durable de l'éternité. Je prie ma sœur de vouloir bien continuer sa tendresse à mes enfants, et de leur tenir lieu de mère, s'ils avaient le malheur de perdre la leur.

» Je prie ma femme de me pardonner tous les maux qu'elle souffre pour moi et les chagrins que je pourrais lui avoir donnés dans le cours de notre union, comme elle peut être sûre que je ne garde rien contre elle, si elle croyait avoir quelque chose à se reprocher.

» Je recommande bien vivement à mes enfants, après ce qu'ils doivent à Dieu, qui doit marcher avant tout, de rester toujours unis entre eux, soumis et obéissants à leur mère, et reconnaissants de tous les soins et des peines qu'elle se donne pour eux, et en mémoire de moi. Je les prie de regarder ma sœur comme une seconde mère.

» Je recommande à mon fils, s'il avait le malheur de devenir Roi, de songer qu'il se doit tout entier au bonheur de ses concitoyens ; qu'il doit tout oublier, toutes les haines et tous les ressentiments et nommément tout ce qui a rapport aux malheurs et aux chagrins que j'éprouve ; qu'il ne peut faire le bonheur des peuples qu'en régnant suivant les lois, mais en même temps qu'un Roi ne peut se faire respecter et faire le bien qui est dans son cœur qu'autant qu'il a l'autorité nécessaire, et qu'autrement étant lié dans ses opérations et n'inspirant point de respect, il est plus nuisible qu'utile.

» Je recommande à mon fils d'avoir soin de toutes les personnes qui m'étaient attachées, autant que les circonstances où il se trouvera lui en donneront les facultés; de songer que c'est une dette sacrée que j'ai contractée envers les enfants de ceux qui ont péri pour moi, et ensuite, de ceux qui sont malheureux pour moi. Je sais qu'il y en a plusieurs, parmi celles qui m'étaient attachées, qui ne se sont pas conduites envers moi comme elles le devaient, et qui ont même montré de l'ingratitude; mais je leur pardonne, (souvent dans les moments de trouble et d'effervescence on n'est pas maître de soi), et je prie mon fils, s'il en trouve l'occasion, de ne songer qu'à leur malheur.

» Je voudrais pouvoir ici témoigner ma reconnaissance à ceux qui m'ont montré un attachement véritable et désintéressé; d'un côté, si j'étais sensiblement touché de l'ingratitude et de la déloyauté de ceux à qui je n'avais jamais témoigné que des bontés, à eux, à leurs parents ou amis, de l'autre, j'ai eu de la consolation à voir l'attachement et l'intérêt gratuit que beaucoup de personnes m'ont montré; je les prie de recevoir mes sincères remercîments.

» Dans la situation où sont encore les choses, je craindrais de les compromettre, si je parlais plus explicitement. Mais je recommande à mon fils de chercher toutes les occasions de pouvoir les reconnaître.

» Je croirais calomnier cependant les sentiments

de la nation, si je ne recommandais ouvertement à mon fils MM. de Chamilly et Hue, que leur véritable attachement pour moi avait portés à se renfermer avec moi dans ce triste séjour, et qui ont pensé en être les malheureuses victimes.

» Je lui recommande aussi Cléry, des soins duquel j'ai eu tout lieu de me louer depuis qu'il est avec moi; comme c'est lui qui est resté avec moi jusqu'à la fin, je prie MM. de la commune de lui remettre mes hardes, mes livres, ma montre, ma bourse et les autres petits effets qui ont été déposés au conseil de la commune.

» Je pardonne encore très-volontiers à tous ceux qui me gardaient les mauvais traitements et les gênes sans nombre dont ils ont cru d'avoir user envers moi et les miens. J'ai trouvé quelques âmes sensibles et compatissantes; que celles-là jouissent dans leur cœur de la tranquillité que doit leur donner leur façon de penser... Je prie MM. de Malesherbes, Tronchet et de Sèze, de recevoir ici mes remerciments et l'expression de ma sensibilité pour tous les soins et les peines qu'ils se sont donnés pour moi.

» Je finis en déclarant devant Dieu, et prêt à paraître devant lui, que je ne me reproche aucun des crimes qui sont avancés contre moi. »

Fait en double, à la tour du Temple,
le 25 décembre 1792.

Signé: LOUIS.

CHAPITRE VI.

Juste et belle appréciation du testament de Louis XVI par M. X.... — Observations sur cette appréciation.

Voici en quels termes un de nos grands poëtes, écrivain de beaucoup de mérite et et assurément non suspect de partialité, parle du testament de Louis XVI, dans une de ses œuvres, où nous nous sommes permis de puiser quelques citations remarquables..

» Il (*Louis XVI*) lègue en paix tout ce qu'il peut léguer dans son âme : sa tendresse à sa famille, sa reconnaissance à ses serviteurs, des remercîments à ses défenseurs, de sages conseils à son fils et son pardon à ses ennemis... L'homme, le souverain et le chrétien sont là.

» Ainsi, cette âme, en s'ouvrant dans son dernier examen au jour scrutateur de l'immortalité, ne laisse rien dans ses pensées les plus secrètes qu'intentions honnêtes, tendresse, oubli et pardon.

» Ce papier, empreint et trempé d'abord de ses larmes et bientôt de son sang, est l'irrécusable témoignage que sa conscience portait d'elle-même devant Dieu.

» Quel homme n'eût aimé, adoré un tel homme, si cet homme n'eût *pas été un Roi!* ... Et quel peuple de sang-froid n'eût pas absous un tel Roi qui savait tant aimer et tant pardonner! Ce testament est donc le plus grand acte de la vie de Louis XVI, et la preuve de son *innocence*. »

* * *

D'après pareil aveu, ne serait-on pas tenté de dire qu'il y a toujours une heure où la vérité méconnue se fait jour, et qu'à défaut de ses vrais amis, ce sont parfois ceux-là mêmes qui semblaient avoir plus d'intérêt à la travestir qui se chargent de lui rendre hommage, de la dévoiler et de la mettre dans tout son éclat, sans même s'apercevoir que, par un douloureux contraste, cédant aux entraînements des idées dominantes, au souffle séduisant de la vaine gloire, aux fumées de l'orgueil et au désir d'une pitoyable popularité, ils associent d'inconcevables paradoxes à la splendeur du langage ?

Ah ! toujours et partout, l'amour de la vérité, ainsi que la majesté du malheur doivent être respectés ! L'aveu des ses fautes honore et grandit l'homme, et quiconque craint de se rétracter quand il a mal dit, ou de se repentir s'il a mal fait, ne trouvera jamais aucun fruit dans ses erreurs !

CHAPITRE VII.

Louis XVI traduit à la barre de la Convention.— Remontrance à Chambon.—Chateaubriand, réponse du Roi.— Son procès et sa défense.

Le 26 décembre, Chambon, maire de Paris, Chaumette, procureur général de la commune, accompagné de son greffier, et précédés par Santerre qui les annonce le *sourire sur les lèvres*, entrent, le *chapeau sur la tête*, dans la chambre du Roi...

« Louis Capet, » lui dit Chambon... Le Roi, jetant sur le maire de Paris un regard plein de dignité, l'interrompt : « Monsieur, lui dit-il, *Capet* n'est pas mon nom; un de mes ancêtres l'a porté, mais ce n'est pas celui de ma famille, entendez-vous? »

Ah! nous pouvons bien ici en faire la remarque, le nom de Capet ne se trouve pas sur les lèvres de Chambon seûlement par une haine aveugle, mais il est ressuscité par un autre motif qu'on devine sans peine !... Le nom de Bourbon imposait encore le respect; on voulait, d'un seul mot, supprimer huit siècles de gloire de l'histoire de France; pour cela, on avait besoin d'effacer jusqu'au nom de cette illustre race dont le sang coulait dans les veines de presque tous les souverains de l'Europe. « L'entreprise, était insensée, a dit à ce sujet M. de Chateaubriand ; car, ajoute-t-il, n'y eût-il dans la France que cette maison de France dont la majesté étonne, que nous pourrions, en fait de gloire, en remontrer à toutes les nations, et porter un défi à l'histoire des siècles !

» Une seule famille a produit 119 souverains, 36 Rois de France, 12 Rois de Portugal, 11 Rois de Naples et de Sicile, 4 Rois de toutes les Espagnes et des Indes, 3 Rois de Hongrie, 3 Empereurs de Constantinople, 3 Rois de Navarre de la branche d'Évreux et Antoine de la maison de Bourbon, 12 Ducs de Bretagne, 2 Ducs de Lorraine et de Bar, etc. »

« Louis Capet, reprend avec colère Chambon, la Convention nationale a décrété que vous seriez traduit à sa *barre*, et j'ai ordre de vous y conduire ! — Eh bien ! dit le Roi, partons, » et il monte en voiture pour s'y rendre, escorté de gendarmes !

CHAPITRE VIII

Ouverture du procès du Roi. — Paroles du président. — Réponses et attitude de Sa Majeté. — Sublime abnégation de soi-même. — Reproches de la fuite à Varennes. Résumé des graves et éloquentes paroles de M. de Sèze. Jugement des siècles.

L'heure des méchants est arrivée : la synagogue des conjurés s'ébranle, et, d'abord divisés entre eux, ils vont se donner la main pour perdre le juste : les prêtres de Baal ont déchiré leurs vêtements et ils s'apprêtent à déchirer leur proie, à immoler leur victime.

Déjà est dressé le sanguinaire tribunal où siégeront à la fois les juges, les accusateurs et les bourreaux, lequels, foulant aux pieds toutes les lois et toutes les formes protectrices de l'innocence, vont prendre ici leur rébellion, leur autorité, leurs calomnies pour des preuves et leurs factions pour des jugements !

Louis XVI arrivé à la barre de la Convention, le président lui adresse la parole en ces termes : « Louis, la nation française vous accuse; la Convention nationale a décrété, le 3 décembre, que vous seriez jugé par elle, et, le 6, que vous seriez traduit à sa *barre*. » Puis il l'interroge.

A mesure qu'on déroule devant le Roi les chefs d'accusation contre son règne, il écoute cette lecture dans l'attitude d'une impassible attention. Mais quand on lui reproche le sang versé du peuple, si religieusement épargné, il ne peut s'empêcher de trahir par un sourire l'indignation qui l'agitait. On voyait qu'il ne s'attendait pas à l'accusation d'avoir été un prince sanguinaire. Il leva les yeux au ciel, et prit contre les hommes; Dieu pour témoin ; il répondit donc en soi, par la majesté du silence.

Puis interpellé, après chaque article, telle fut la lucidité, la sagesse, la fermeté et le calme inaltérable de ses réponses, que celui qui présidait à cette œuvre d'iniquité ne put se défendre lui-même d'un sentiment d'admiration et de surprise.

Assurément le Roi aurait pu, s'enveloppant dans son innocence et dans l'inviolabilité de son droit, refuser toute défense ou se défendre lui-même ; cependant il fit choix, dans l'intérêt de son nom et de son innocence, des deux plus célèbres avocats de Paris, MM. Tronchet et de Sèze. M. de Malesherbes, âgé de 74 ans, demanda et obtint de la Convention nationale d'aider aussi de ses Conseils le royal accusé dont il avait eu l'honneur d'être deux fois le ministre.

Mais, ô sublime abnégation de soi-même, dont on chercherait en vain la moindre trace chez tous les sages de l'antiquité, et qui fait de cet infortuné prince un héros d'une espèce unique dont on ne trouve aucun exemple dans les annales de la vertu ; non seulement il refuse de plaider lui-même sa cause devant ses juges, de peur, dit-il, de les émouvoir et d'avoir trop raison contre ses adversaires, mais il ordonne même à l'orateur chargé de sa défense de supprimer tout ce qui serait trop pathétique, parce qu'il ne veut pas les attendrir. N'est-ce pas là un sublime abandon de soi-même aux desseins de la Providence ? Ce courage ne sauvera, il est vrai, ni son trône ni sa vie, mais il ne sera pas perdu pour sa gloire ;

la postérité admirera le monarque qui sut s'élever autant au-dessus de lui même que ses ennemis descendront plus bas en l'accusant.

Ah! s'il tente une seule fois de s'arracher par sa fuite à Varenne, le 20 juin 1791, à l'horreur de sa situation, ce n'était pas pour sortir de son royaume, mais pour se réfugier dans une de ses places fortes, pour laisser aux partis le temps de se calmer, et bien plus pour délivrer la France de ses oppresseurs que pour se délivrer lui-même de ses ennemis, et, en se dérobant à leur fureur, les empêcher de devenir encore plus coupables.

Quel Roi fournit jamais moins de prétextes de se révolter contre lui ? qui fut plus éloigné par la trempe heureuse de son âme et de son caractère de compromettre le bonheur de son peuple ? et qui réunit plus de titres pour régner sur les cœurs ! Infortuné prince, il devait pardonner tous les crimes et on ne devait pas même lui pardonner ses vertus, parce que, toujours calme au milieu de tous les événements de trouble, de discorde et d'injustice, il avait trop oublié que Dieu lui avait mis le glaive à la main pour venger les lois en se vengeant à bon droit lui-même

Nous regrettons que la longueur de l'éloquent plaidoyer de l'orateur chargé de le défendre, mais qu'on pourra lire dans le Moniteur de l'époque, nous oblige à le résumer en quelques lignes.

« Louis, s'écrie M. de Sèze en terminant son discours, Louis XVI monte sur le trône à 20 ans, et à 20 ans il donne sur le *trône* l'exemple de la vertu et des mœurs; il n'y porta aucune faiblesse coupable ni aucune passion corruptrice ; il y fut économe, juste, sincère ; il s'y montra toujours l'ami et le père du peuple !.. Sa jeunesse fut sans orages comme sans erreurs. Vous ne trouverez en sa vie aucun plaisir qui puisse offenser la sagesse, noircir la vertu et dont il ait à rougir. Il aurait pu se rendre redoutable, et il n'a cherché qu'à se faire aimer ! Il ne manqua jamais ni à son Dieu, ni à son peuple, ni à la France, ni à lui-même ! Gardez-vous donc de violer la triple majesté du diadème, du malheur et de la vertu. Je cherche, Messieurs, des juges parmi vous, et je n'y trouve que des accusateurs. Je n'achève pas ; je m'arrête devant l'histoire. Songez qu'elle jugera votre jugement, et que le sien sera celui des siècles! »

Le Roi, qui avait assisté à sa propre défense, se leva quand M. de Sèze eut fini de parler, et dit : « On vient de vous exposer mes moyens de défense, je ne les renouvellerai pas. En vous parlant pour la dernière fois, je vous déclare que ma conscience ne me reproche rien, absolument rien, et que mes défenseurs vous ont dit la vérité, et rien que la vérité. »

Après un tel langage, aussi digne que calme, au milieu des terribles ouragans des passions humaines, qui oserait parler encore de la prétendue faiblesse du caractère de Louis XVI, et dire que celui qui, sans trembler, avait vu les poignards levés sur sa tête fut timide et pâlit devant ses juges? Ah! la résignation et le sacrifice de sa propre vie, loin d'être de la faiblesse, est au contraire l'expression la plus sublime de la vertu et du vrai courage. On a beau le calomnier, l'outrager, il saura sans se plaindre mourir en chrétien, en héros, en martyr, et rester Roi sur l'échafaud, comme saint Louis dans les fers.

CHAPITRE IX.

nnocent, le Roi est condamné à mort. Nombre des votants. — Durée de l'appel nominatif, 24 heures. — Ses déplorables résultats, etc.

Après sept mortelles heures passées à la barre de la Convention nationale, le Roi, à jeûn et épuisé de fatigue, fut reconduit au Temple. A sa sortie du tribunal, pressé par la faim, il demande à un soldat, mangeant sa soupe, un morceau de son pain, l'accepte et monte en voiture.

Les débats étant clos, chaque député dut faire connaître ostensiblement son vote. A 8 heures du soir, l'appel nominatif commença et ne finit que le lendemain soir, à la même heure, le 17 janvier 1793.

Après vérification des votes, le président de l'Assemblée s'exprima en ces termes : « La Convention nationale est composée de 749 membres; 15 sont absents pour commissions, 7 pour maladie et 1 sans cause; 5 n'ont pas voté. Le nombre des votants et de 721 et la majorité de 361.

« Or, 19 membres ont voté pour les fers, 247 pour la détention durant la guerre, et le bannissement ou la réclusion après la paix ; quelques-uns ont ajouté la peine de mort conditionnelle si le territoire était envahi ; 46 pour la peine de mort avec sursis ; 334 pour la mort conditionnelle ; et 387 ayant voté pour la peine de mort sans condition, je déclare que la peine prononcée par une majorité de 53 *voix*, contre Louis Capet, est la peine de *mort !...* »

Que penser et que dire de l'iniquité de cet arrêt inouï qui indigna toute l'Europe, sinon ce qui sera dit dans le cours des siècles, que cet arrêt fut bien plus la sentence de tous ceux qui la prononcèrent que du juste qui eut à la subir ?

CHAPITRE X.

Solennelle signification faite au Roi des arrêts prononcés contre lui par ses sujets.

Le 20 janvier, vers les quatre heures, les ministres Garat et le Brun, Chambon, maire de Paris, le procureur général de la commune, l'accusateur public du tribunal criminel, Grouvelle, secrétaire du conseil, et quelques autres membres de la Convention arrivent au Temple. Santerre, qui les devançait, dit à Cléry : « Annoncez les membres du Conseil. » On entre le chapeau sur la tête dans la chambre du Roi. Garat prend la parole et dit : « Louis, la Convention nationale a chargé le conseil exécutif provisoire de vous signifier les décrets des 15, 16, 17, 18 et 20 janvier. Le secrétaire du conseil va vous en faire lecture. » Alors Grouvelle déploya les décrets et les lut. Le Roi, debout, le front levé, l'œil fixé sur ses juges, entendit sans s'émouvoir ces horribles décrets ! Les voici :

Article 1.

La Convention nationale déclare Louis Capet, dernier roi des Français, coupable de conspiration contre la liberté de la nation et d'attentat contre la sûreté de l'État.

Article 2.

La Convention nationale déclare que Louis Capet subira la peine de mort.

Article 3.

La Convention nationale déclare nul l'acte de Louis Capet apporté à la barre par ses conseils, qualifié d'appel à la nation, contre le jugement rendu par la Convention, défend à qui que ce soit d'y donner aucune suite à peine d'être poursuivi et puni comme coupable d'attentat contre la sûreté générale de la république.

Article 4.

Le conseil exécutif provisoire notifiera les présents décrets, dans ce jour, à Louis Capet, et prendra les mesures de police et de sûreté nécessaires pour en assurer l'exécution dans les 24 *heures*, et rendra compte de tout à la Convention nationale immédiatement après qu'il aura été exécuté.

Debout, le front levé et l'œil fixé sur ses

juges le Roi écoute le mot de peine de mort dans les 24 heures avec l'intrépidité du juste; aucune altération ne parut sur son visage, un seul regard élevé vers le ciel fut un appel de son âme au juge infaillible et souverain.

Cette lecture terminée, le Roi fit un pas vers Grouvelle, secrétaire du conseil, prit les décrets de ses mains, les plia et les mit dans son portefeuille; puis, se retournant vers Garat, il lui dit : « Monsieur le *ministre de la justice*, je vous prie de remettre sur-le-champ cette lettre à la Convention nationale. Le ministre paraissait hésiter, le Roi ajoute : « Je vais vous en donner lecture, » et il lut sans altération ce qui suit :

« Je demande un délai de 3 jours pour pouvoir me préparer à paraître devant Dieu; je demande pour cela de voir librement la personne que j'indiquerai pour un acte de charité qu'elle remplira auprès de moi.

« Je demande dans cet intervalle d'être délivré de la surveillance perpétuelle que le conseil a établie depuis plusieurs jours, et de pouvoir voir ma famille quand je le voudrai, et sans témoins.

» *Fait à la tour du Temple, le 20 janvier* 1793.

» LOUIS. »

Garat prit la lettre du Roi et dit qu'il allait

la porter à la Convention nationale. Comme il se retirait, le Roi lui dit : « Monsieur le ministre, si la Convention accorde ma demande pour la personne que je désire voir, voici son nom et son adresse, M. Edgeworth de Firmont, 403, rue du Bac. » Le Roi fit quelques pas en arrière, et Garat et ceux qui l'accompagnaient sortirent.

Sur les 5 heures du soir, Santerre s'approchant de Louis XVI, lui dit à demi-voix et le *sourire sur les lèvres* : « Voici le conseil exécutif. » Garat entre et dit : « Louis, j'ai porté votre lettre à la Convention. Elle vous autorise d'appeler tel ministre du culte que vous jugerez à propos ; j'ai prévenu le citoyen de Firmont, vous ne tarderez pas à le voir. La Convention vous autorise aussi à voir sans témoins, dans la soirée et dans la *salle à manger*, votre famille ; mais l'Assemblée nationale a passé à l'ordre du jour, à 37 voix de majorité, sur votre demande d'un sursis de trois jours. » Et le Roi, d'un signe de main, fit comprendre à M. le *ministre de la justice* qu'il pouvait se retirer. Puis Sa Majesté rentra dans sa tourelle, où déjà l'abbé Edgeworth de Firmont était arrivé.

CHAPITRE XI.

Proclamation du Conseil exécutif provisoire annonçant le jour, l'heure et le lieu de l'exécution de Louis Capet.

Le Conseil exécutif provisoire, délibérant sur les mesures à prendre pour l'exécution des décrets de la Convention nationale des 15, 16, 17, 19, et 20 janvier 1793, arrête les dispositions suivantes :

1º L'exécution du jugement de Louis Capet se fera demain lundi 21 janvier.

2º Le lieu de l'exécution sera place de la Révolution, ci-devant place Louis XV, entre le piédestal de sa statue, et l'avenue des Champs-Élysées.

3º Louis Capet partira du Temple à huit heures et demie du matin, de manière que l'exécution puisse être faite à midi.

4º Des commissaires du département, des commissaires des municipalités, deux membres du tribunal criminel assisteront à cette exécution. Le secrétaire général de ce tribunal en dressera procès-verbal, et lesdits commissaires et membres du tribunal, aussitôt après l'exécution consommée, viendront en rendre compte au Conseil, lequel restera en permanence toute la journée.

Le Conseil.

Archives de la Ville de Paris.

CHAPITRE XII.

Les dix-huit dernières heures de Louis XVI, par l'abbé Edgeworth de Firmont, son digne confesseur, etc.
Garat. — Le Temple. — Conversation avec le Roi. Il lit son testament. — Ses adieux à sa famille. — Obtention de dire la messe. — Tranquille sommeil de Sa Majesté. — Pain des *forts.* — Santerre. — Partons. — Trajet, place Louis XV. — Héroïque courage du Roi. — Mains liées. — Silence des tambours. — Santerre. — Le sacrifice est consommé. — Prudhomme, Heuzé, etc., etc.

« Le sort du Roi n'était pas encore décidé, lorsque M. de Malesherbes, ne pouvant ni me recevoir chez lui, ni se transporter chez moi, me fit demander un rendez-vous en maison tierce. Là, M. de Malesherbes me rendit un message du Roi, par lequel cet infortuné monarque me proposait de l'assister à sa mort. Je chargeai M. de Malesherbes de dire à Sa Majesté que je regardais pareil désir comme un ordre absolu, dût-il m'en coûter la vie.

» Quelques heures plus tard, le 20 janvier 1793, sur les trois heures du soir, un inconnu se présente chez moi et me remet un billet du Conseil exécutif provisoire, conçu en ces termes : « Le Conseil exécutif ayant une affaire de la plus haute importance à communiquer au citoyen Edgeworth de Firmont, l'invite de passer un instant au lieu de ses séances. » L'inconnu ajouta qu'il avait l'ordre de m'accompagner, et qu'une voiture m'attendait dans la rue. Je descendis et partis avec lui... Arrivé aux Tuileries, je trouvai tous les ministres réunis. La consternation était sur leurs visages. Ils se lèvent et viennent m'entourer avec une sorte d'empressement. Le ministre de la justice, Garat, prenant la parole : « Etes-vous, me dit-il, Edgeworth de Firmont ? » Je lui répondis : « Oui. Louis *Capet*, reprit le ministre, nous ayant témoigné le désir de vous avoir près de lui dans ses derniers moments, nous vous avons mandé pour vous demander si vous consentiriez à lui rendre le service qu'il exige de vous. »

» Je répondis : « Puisque le Roi témoigne ce désir et me désigne par mon nom, me rendre auprès de lui est un ordre. — En ce cas, ajoute le ministre, vous allez venir avec moi au

Temple, car je m'y rends de ce pas.... » Il prend une liasse de papiers sur le bureau, confère un instant, à voix basse, avec les autres ministres, et sortant brusquement, il me demande de le suivre.... Une escorte de gardes à cheval nous attendait en bas, avec la voiture du ministre; j'y monte, et il monte après moi; j'étais en habit laïque, comme l'était à cette époque tout le clergé catholique de Paris, n'ayant pu être autorisé, aux Tuileries, à prendre les marques extérieures de mon état... Le trajet à parcourir se passa dans un morne silence; deux ou trois fois cependant le ministre essaya de le rompre... « Grand Dieu ! s'écria-t-il après avoir levé les glaces de la voiture, et de quelle affreuse commission me suis-je chargé ! Quel homme, ajouta-t-il en parlant du Roi; quelle résignation ! quel courage ! *Non, la nature toute seule ne saurait donner tant* de courage, ni tant de force d'âme : il y a là *quelque chose de surhumain.* Je crus devoir garder le silence pour ne rien compromettre. Le ministre parut comprendre tout ce que ce silence lui disait, et il n'ouvrit plus la bouche tout le long du chemin.

» Arrivés au Temple, la porte de la Tour, quoique petite et très-basse, s'ouvrit avec un fracas horrible, tant elle était chargée de verrous et de barres de fer ; nous passâmes, à travers une salle remplie de gardes, dans une salle plus vaste encore, où se trouvaient douze commissaires en costume de *jacobins*, chargés par la commune de garder le Roi. Le ministre leur lut à voix basse les papiers qu'il avait apportés des Tuileries. Cette lecture faite, il se retourna brusquement et me dit d'attendre ses ordres.

» Je fus fouillé avec soin et rigueur, ma tabatière ouverte, le tabac fut éprouvé ; puis, deux commissaires montés chez le Roi descendent pour me dire qu'il m'était enfin permis de voir Louis *Capet*; ils me conduisirent par un escalier souvent très-étroit, coupé de distance en distance par des barrières à chacune desquelles on voyait une sentinelle en faction, etc., etc.

» Parvenu à l'appartement du Roi, dont les portes étaient ouvertes, j'aperçus Sa Majesté au milieu d'un groupe de dix à douze personnes, c'étaient Garat, ministre de la justice, Le Brun, ministre des affaires étrangères, Grouvelle, secrétaire du conseil, le procureur général de la commune, Santerre et plusieurs membres de la Convention qui venaient de lui lire le fatal décret qui fixait irrévocablement sa mort au lendemain. Le Roi était au milieu d'eux, calme, tranquille, et pas un de ceux qui l'entouraient n'avait l'air aussi serein, aussi assuré que lui.

» Peu après mon entrée dans son cabinet, il leur fit signe de la main de se retirer ; ils obéirent en silence ; le Roi vint me trouver. Seul avec lui, je ne fus plus maître de contenir mes larmes; elles inondèrent mon visage, et je tombai à ses pieds sans pouvoir lui faire entendre d'autre langage que celui de ma profonde douleur. Cette vue l'attendrit plus que le décret qu'on venait de lui lire. Il répondit d'abord à mes larmes par les siennes. Mais bientôt reprenant tout son courage : « Pardonnez, me dit-il, pardonnez ce mouvement de faiblesse, mais la vue d'un ami, d'un sujet fidèle est un spectacle auquel mes yeux ne sont

plus accoutumés, il m'attendrit malgré moi. »
En me disant ces paroles, il me releva avec
bonté, et il ferma son cabinet, afin de m'entretenir plus à l'aise, car de sa chambre tout était
entendu et vu.

» Ce cabinet était pratiqué dans une des
tourelles du Temple ; il n'y avait ni tapisserie
ni décors; une table, deux chaises, un mauvais petit poêle de faïence et l'image du Christ
meublaient cette cellule. Là, me faisant asseoir
près de lui, « C'est donc à présent, me dit-il,
Monsieur, la grande affaire qui doit désormais
m'occuper tout entier. Hélas ! la seule affaire,
ajouta-t-il, car que sont les autres affaires
auprès de celle-là? Mais je vous demande quelques moments de répit, car ma famille, que
je n'ai pas vue depuis longtemps, va descendre. En attendant, voici un écrit, que je suis
bien aise de vous communiquer. » En disant ces
mots, il tire de son sein un papier dont il brise
le sceau : c'était son testament qu'il avait fait
dès le mois de décembre, et incertain alors si
on lui permettrait d'avoir un prêtre catholique
pour l'assister dans ses derniers moments,
dans son dernier combat ; et il eut la force de

le lire deux fois, d'une voix calme et assurée, en pesant pour ainsi dire sur chaque phrase, sur toutes les syllabes. Cette lecture finie, et la famille ne descendant pas, il me demanda des nouvelles de son clergé, etc., etc.

» La conversation tomba sur le duc d'Orléans. « Qu'ai-je donc fait à mon cousin pour qu'il me poursuive ainsi ? Ah ! il est plus à plaindre que moi ! Ma position assurément est bien dure, et bien triste ; mais, le fût-elle encore davantage, je ne voudrais pas la changer avec la sienne. » Et ses yeux se remplirent de larmes.

» Cette communication fut interrompue par un des commissaires du Temple qui venait annoncer au Roi que sa famille était descendue, et qu'il lui était permis de la voir ; il parut très-ému, me demanda de l'attendre, et il partit comme un trait.

» L'entrevue ne devait avoir lieu que dans

le salle à manger. Cette pièce fort petite n'était séparée que par un vitrage de celle qu'occupaient les commissaires, en sorte que ceux-ci pouvaient tout voir et tout entendre ; et moi même, du cabinet entr'ouvert où je me trouvais, je pouvais non-seulement distinguer les voix, mais encore assister comme témoin malgré moi à la scène la plus touchante, et si déchirante, que nulle plume ne saurait la rendre !

» La porte d'entrée s'ouvrit enfin. La Reine, tenant son fils par la main, s'élança la première dans les bras du Roi, et fit un mouvement rapide pour l'entraîner dans sa chambre hors de la vue des spectateurs. Non, non, dit doucement le Roi, d'une voix sourde, je ne puis vous voir que *là*. Madame Elisabeth suivait avec la Princesse royale ; Cléry ferma la porte.

» Le Roi pressa la Reine de s'asseoir sur un siège à sa droite, sa sœur à sa gauche, et il s'assit entre elles, la Princesse royale en face, et le Dauphin sur un de ses genoux, ayant un de ses bras passé autour de son cou. Ainsi groupées, ces cinq personnes, prêtes à éclater et à mourir de douleur dans un seul et même embrassement, n'offraient aux regards des commissaires qu'un seul faisceau de têtes serrées les unes contre les autres. Pendant près d'une demi-heure, on n'articula pas une parole; aucune plainte ne sortit de leurs lèvres, mais leurs voix se perdaient en gémissements, s'exprimaient par des sanglots et des cris déchirants ; ces cris perçant les portes, les fenêtres, les murs même de la Tour, sont entendus au dehors du Temple ! Enfin, les larmes se déclarent; un entretien à voix basse, interrompu de temps en temps par des baisers d'adieux, se prolonge deux heures.

» Quand les cœurs furent épuisés de tendresse, les yeux de larmes et les lèvres de voix, le Roi se lève et serre toute sa famille dans une longue étreinte. La Reine se jette à ses pieds et le conjure de permettre que tous demeurent, cette cruelle nuit, auprès de sa personne. Il s'y refusa sous prétexte qu'il avait besoin de quelques heures de tranquillité, et de recueillement pour se préparer au lendemain ; mais il promit à sa famille de la faire appeler le jour suivant, à huit heures. « Pourquoi pas à sept ? dit la Reine. — Eh bien ! oui, à sept, répondit le Roi. — Vous nous le promettez, s'écrièrent-ils tous. — Je vous le promets, » répéta le Roi.

» La Reine, en traversant la salle à manger, se suspendit de ses deux mains au cou de son mari ; la Princesse enlaçait de ses deux bras son malheureux père, Madame Elisabeth embrassait du même côté le corps de son frère ; le Dauphin, suspendu d'une main par le Roi, et, de l'autre par la Reine, faillit tomber entre les jambes de son père, les yeux levés vers lui. A mesure qu'ils avançaient vers la porte de l'escalier, leurs gémissements redoublaient ; ils s'arrachent des bras les uns des autres, et ils retombent de tout le poids de leur amour et de leur douleur ! Quel spectacle !

» Enfin le Roi s'avance de quelques pas en arrière, et tendant de là les bras à la Reine,

« Adieu, adieu ! » lui cria-t-il avec un geste, un regard, et un son de voix où retentissaient à la fois tout un passé de tendresse, tout un présent d'angoisses et un avenir d'éternelle séparation ici-bas !... A cet adieu, la Princesse royale glissa évanouie dans les bras de Madame Elisabeth et vint tomber aux pieds du Roi... La Reine, Madame Elisabeth et Cléry se précipitent pour la relever et la soutiennent en l'entraînant vers l'escalier, d'après le rapport de la Princesse même.

» Pendant ce moment, le Roi s'évada, les mains sur les yeux ; puis, se retournant du seuil de sa chambre entr'ouverte, « Adieu ! » leur cria-t-il, pour la dernière fois. Sa voix se brise sous le sanglot de son cœur : la porte se referme, et il se précipite dans le cabinet où il m'avait dit de l'attendre, mais dans un tel état de trouble et d'agitation qu'il tomba de lassitude sur une chaise et resta quelques instants sans pouvoir parler. « Ah ! Monsieur, me dit-il ensuite, un peu remis de sa profonde émotion, quelle entrevue que celle que je viens d'avoir ! Faut-il que j'aime et que je sois si tendrement aimé ! Mais c'en est fait avec le temps, reprit-il d'un accent plus mâle, occupons-nous de l'éternité. » A ce moment Cléry entre et supplie le Roi de prendre quelque nourriture. Le Roi refusa d'abord ; puis, réfléchissant qu'il aurait besoin de forces pour lutter avec courage contre les apprêts et la vue de son supplice, il mangea comme un voyageur qui ne s'assoit pas sur la route ; le Roi, debout, ne prit qu'un peu de pain et un peu de vin, et son repas ne dura pas cinq minutes !

» Connaissant la foi de Sa Majesté dans les saints mystères du christianisme, une pensée me montait déjà depuis longtemps dans l'esprit et m'occupait plus fortement encore depuis que je voyais de plus près le Roi ; c'était de lui procurer, à quelque prix que ce fût, la sainte communion dont il était privé depuis longtemps. J'aurais pu la lui apporter en cachette, mais la fouille qu'il fallait subir en entrant au Temple, et la profanation qui en eût été infailliblement la suite, furent des raisons plus que suffisantes pour m'arrêter. Il ne me restait donc d'autre ressource que de dire la messe dans la chambre du Roi, si je pouvais en trouver le moyen. Je lui en fis la proposition, mais il en parut d'abord effrayé. Cependant, comme il sentait tout le prix de pareille grâce, qu'il la désirait ardemment, et que toute son opposition ne venait que de la crainte que la demande ne me compromît, je le suppliai de me donner carte blanche, en lui promettant que j'y mettrais prudence et discrétion... Enfin, il me le permit. « Eh bien ! allez, me dit-il, mais je crains que vous n'obteniez pas pareille faveur de la dureté et de l'impiété des commissaires de la commune, car je connais les hommes auxquels vous allez avoir affaire ! »

» Muni de cette permission, je demandai à être conduit à la salle du conseil et d'y former une demande au nom du Roi. Cette proposition, à laquelle les commissaires n'étaient pas préparés, les déconcerta extrêmement ; ils cherchèrent divers prétextes pour l'éluder.

« Où trouver un prêtre à l'heure qu'il est? me dirent-ils. Et quand nous en trouverions, comment se procurer les ornements ? — Le prêtre est tout trouvé, leur répliquai-je, puisque me voici. Quant aux ornements, l'église la plus voisine les fournira volontiers ; il ne s'agit que d'envoyer chercher le pain, le vin, les livres sacrés, un calice et des habits sacerdotaux. » Les commissaires indécis délibérèrent longtemps à voix basse. « Du reste, ajoutai-je, ma demande est juste, et ce serait aller contre vos principes de la refuser... »

» L'un d'entre eux prenant la parole donna clairement à entendre que ma demande pouvait n'être qu'un piége, et que, sous prétexte de donner la communion au Roi, je pourrais bien l'empoisonner. Je me contentai de regarder fixement cet homme et de lui dire : « La fouille exacte à laquelle je me suis soumis en entrant ici a dû vous prouver que je ne porte pas de poison sur moi; si donc il s'en trouvait demain, c'est de vous que je l'aurais reçu, puisque tout ce que je demande doit passer par vos mains. »

» Pour dernier subterfuge, ils me dirent que le conseil n'étant pas complet, ils ne pouvaient rien prendre sur eux, mais qu'ils allaient appeler les membres absents et qu'ils me feraient part de leur délibération... Un quart d'heure se passa tant à convoquer les membres absents, qu'à délibérer.. Au bout de ce temps, je fus introduit de nouveau, et le président, prenant la parole, me dit : «Citoyen ministre du culte, le conseil a pris en considération la demande que vous lui avez faite au nom de *Louis Capet*, et il a été résolu que sa demande étant conforme aux lois qui déclarent que tous les cultes sont libres, elle vous sera accordée; nous y mettons cependant deux conditions : la première, que vous dressiez à l'instant une requête constatant votre demande, et signée de vous ; la seconde, que tout exercice du culte sera achevé demain, à sept heures au plus tard, parce qu'à huit heures précises Louis *Capet* doit partir pour le lieu de son exécution. » Ces derniers mots furent dits, comme le reste, avec un sang-froid qui caractérisait une âme atroce qui envisageait sans remords le plus grand des crimes...

» Je mis ma demande par écrit et je la laissai sur le bureau. On me conduisit aussitôt chez le Roi, qui attendait avec inquiétude l'issue de cette affaire, et le compte que je lui en rendis, en supprimant les circonstances particulières, parut lui faire le plus grand plaisir. « Je pourrai donc, s'écria-t-il, recevoir de votre main le Dieu fait homme pour souffrir pour nous, et transformé en pain encharistique pour la nourriture des âmes! » Il lui sembla que le Dieu du Calvaire allait le visiter dans sa prison, à sa dernière heure, comme un ami qui va à la rencontre d'un ami qui se meurt. « Merci, s'écria-t-il, merci!... »

» Il était plus de dix heures du soir... Je restai enfermé avec Sa Majesté jusqu'à minuit; alors, voyant le Roi fatigué, je lui proposai de prendre un peu de repos ; il y consentit avec sa bonté ordinaire, et il m'engagea à en faire autant. Je passai, par ses ordres, dans une petite pièce qu'occupait le digne et brave Cléry ; elle n'était séparée de la chambre du Roi que par une légère cloison ; et tandis que j'étais livré aux pensées les plus accablantes, j'entendais le prince donner des ordres pour le lendemain, se coucher ensuite, et, quelques instants après, je pus entendre la respiration d'un sommeil calme ; le Roi dormait d'un sommeil profond...

» A cinq heures il se leva, et dit à Cléry : « J'ai bien dormi ; la journée d'hier m'avait fatigué. » Puis il fit sa toilette à l'ordinaire; sitôt après je me rendis auprès de lui, et il m'entretint près d'une heure dans le cabinet où il m'avait reçu la veille. Au sortir du cabinet, je trouvai une commode transformée en autel dans la chambre du Roi, et tout ce que j'avais demandé pour dire la messe.

» Le Roi entendit la messe à genoux, par

terre, sans prie-Dieu ni coussin. Il y communia... Je le laissai quelques moments en prières d'actions de grâces. Cléry entra chez le Roi et lui demanda sa bénédiction ; il le bénit. Bientôt il m'envoya chercher ; je le trouvai près du poêle, ayant peine à se réchauffer... « Mon Dieu ! me dit-il, que je suis heureux d'avoir conservé mes principes et ma foi sur le trône ! Sans eux où en serais-je maintenant ? Mais avec eux, que la mort doit me paraître douce ! Oui, il existe là-haut un juge, un juge incorruptible qui saura bien me rendre la justice que les hommes me refusent ici-bas. »

» Le ministère que j'ai rempli auprès de ce bon prince ne me permet que de citer quelques traits épars des différentes conversations qu'il eut avec moi durant ses dernières heures ; mais, au peu que j'en dis, on doit juger de tout ce que je pourrais ajouter, s'il m'était permis de le dire !

» Le jour commençait à poindre, et déjà

on battait le rappel dans toutes les sections de Paris. Un mouvement extraordinaire se faisait entendre très-distinctement dans la tour, et j'avoue qu'il me glaçait le sang dans les veines; mais le Roi, plus calme que moi, après avoir un instant prêté l'oreille, me dit sans s'émouvoir : « C'est probablement la garde nationale qu'on commence à rassembler. » Peu de temps après, on entendit les fers des chevaux d'une nombreuse cavalerie résonner sur le pavé, au pied de la tour et la voix des officiers qui rangent leurs escadrons en bataille. Le Roi écoute encore, et me dit avec le même sang-froid : « Il y a apparence qu'ils approchent... »

» Il avait promis à la Reine, en la congédiant, qu'il la reverrait encore le lendemain; et, n'écoutant que son cœur, il voulait lui tenir parole; mais je le suppliai instamment de ne pas la mettre à une épreuve qu'elle n'aurait pas la force de soutenir. Il s'arrêta un moment, et, avec l'expression de la douleur la plus profonde, il me dit : « Vous avez raison, ce serait lui donner le coup de la mort ; il vaut mieux me priver de cette douce consolation, et la laisser vivre d'espérance quelques moments de plus !... »

» Pendant près de deux heures on vint souvent, sous divers prétextes, frapper à la porte du cabinet où j'étais en affaires avec le Roi, et à chaque instant je tremblais que ce ne fût la dernière fois ; le Roi se levait sans émotion, allait à la porte et répondait tranquillement aux personnes qui venaient ainsi l'interrompre...

» Ayant aperçu Cléry, il lui fit signe de venir, et lui remit un cachet qu'il détacha de sa montre, un petit paquet qu'il tira de son sein et un anneau de mariage qu'il ôta de son doigt. « Vous remettrez, lui dit-il, après ma mort ce cachet à mon fils, cet anneau à la Reine ; dites-lui bien que je le quitte avec peine, et pour qu'il ne soit profané avec mon corps... Remettez-lui aussi se petit paquet. Dites à la Reine, à mes chers enfants, à ma sœur, que je leur avais promis de les voir ce matin, mais que j'ai voulu leur épargner la douleur d'une séparation renouvelée deux fois. Combien il m'en coûte de partir sans recevoir leurs derniers embrassements ! » Les sanglots l'étouffaient. « Je vous charge, ajouta-t-il avec une tendresse qui brisait les mots dans sa voix, de leur porter mes adieux... » Cléry se retira fondant en larmes...

» Quelques instants après, des pas tumultueux d'hommes armés résonnent dans l'escalier ; les portes s'ouvrent avec fracas ; Santerre paraît, accompagné de douze municipaux, à la tête de dix gendarmes qu'il range sur deux lignes dans la chambre du Roi, et frappe, pour la dernière fois à la porte de la tourelle. A ce bruit, le Roi entr'ouvre la porte de son cabinet. « Vous venez me chercher, dit-il d'une voix ferme à Santerre ; je su en affaires ; dans un instant je serai à vous ; attendez-moi là. » Il montre du doigt le seuil de sa chambre, referme la porte et vient s'agenouiller à mes pieds en me disant : « Mon père, tout est consommé ! Donnez-moi la dernière bénédiction, et priez Dieu qu'il me soutienne jusqu'à la fin !...» Il se relève bientôt, et le front serein et la majesté de la mort dans le geste et dans les traits, il sort de son cabinet, et, s'avançant vers la troupe qui était au milieu de sa chambre à coucher, il se place entre la double haie de gendarmes, un papier à la main : c'était son testament.

» Il s'adresse au municipal qui se trouve en face de lui... « Je vous prie, lui dit-il, de remettre ce papier à la Reine... » Un mouvement de surprise à ce mot sur ces visages républicains lui fit comprendre qu'il s'est trompé de terme : « A ma femme, » dit-il se reprenant...— Cela ne me regarde point ! répondit le municipal ; je suis ici pour vous conduire à l'échafaud... — C'est juste, dit tout bonnement le Roi. «Puis, regardant les visages et se tournant vers celui dont l'expression plus douce lui révélait un cœur moins impitoyable, il s'approcha du nommé *Baudrais* : « Remettez, je vous prie, ce papier à ma femme ; il y a des dispositions que la commune doit connaître. Le municipal, avec l'assentiment de ses collègues, reçut le testament.

» Puis le Roi se tournant vers Santerre, et le regardant en face, d'un geste de résolution et d'un ton de commandement, il dit: « *Partons!* »

» Santerre et sa troupe semblent plutôt le suivre que l'escorter. Le Roi descendit d'un pas ferme l'escalier, et ayant rencontré dans le vestibule un des concierges du Temple, il s'avança vers lui : « Mattey, lui dit-il avec douceur et bonté, j'ai eu hier un peu de vivacité envers vous, pardonnez-le-moi à cause de cette heure; et, au lieu de lui répondre, cet *homme* détourne la tête.

» Le Roi traversa la première cour à pied; et, se retournant à deux fois vers la tour, comme pour dire adieu à tout ce qu'il avait de plus cher en ce monde, et au mouvement qu'il fit, on voyait qu'il rappelait sa force et son âme !..

» A l'entrée de la deuxième cour, se trouvait une voiture de place... Deux gendarmes se tenaient à la portière. A l'approche du Roi, l'un d'eux monta le premier et s'assit sur le devant; le Roi monta ensuite et me plaça à côté de lui, dans le fond; l'autre gendarme monta le dernier, ferma la portière et la voiture roula au milieu d'une double haie de soldats, de gardes nationaux, et de fédérés, précédée et suivie de gendarmes, de cavalerie et d'artillerie, mèches allumées, et les tambours en tête. Des canons braqués, chargés à mitraille, étaient établis aux principales issues aboutissant au boulevard...

» Le Roi, se trouvant resserré dans une voiture où il ne pouvait, à cause du bruit continu des tambours, des chevaux et des roues des canons, ni me parler, ni m'entendre sans témoins, les deux gendarmes étant près de nous, prit le parti du silence. Je lui présentai aussitôt mon bréviaire, le seul livre que j'eusse sur moi! Il parut l'accepter avec plaisir; et, sur l'indication des psaumes qui convenaient à sa situation, il les récitait alternativement avec moi. Les gendarmes, sans ouvrir la bouche, paraissaient extasiés et confondus tout ensemble de la piété tranquille d'un monarque qu'ils n'avaient jamais vu, sans doute, de si près. La marche dura près de deux heures. Toutes les issues étaient bordées de plusieurs rangs de citoyens armés tantôt de piques, tantôt de fusils. Tout ce qui n'était pas sous les armes était consigné dans sa maison. Un ordre précis interdisait à tout citoyen non sous les armes de se trouver sur le passage du cortége. Aussi, on eût dit que Paris avait abdiqué pour trembler et pour obéir; personne n'osait paraître, même aux fenêtres. La voiture parvint ainsi, dans le plus grand silence à la place Louis XV et s'arrêta au milieu d'un grand vide qu'on avait laissé autour de l'échafaud. Cet espace était garni de canons, et au delà, tant que la vue pouvait s'étendre, on voyait la force armée entourer la place, comme d'une ceinture de fer, pour tenir à l'écart un flot de peuple qui, dès l'aube du jour, couvrait le pont Louis XV et les terrasses des Tuileries.

» L'échafaud était dressé au milieu de la place de la Révolution, en face la grande allée des Tuileries, comme en dérision du palais des Rois ! A l'approche de la voiture du Roi, il se fit un grand silence... Dès que le Roi sentit qu'elle n'allait plus, il se retourna et me dit à l'oreille : « *Nous voilà arrivés,* si je ne me *trompe.* » Mon silence lui répondit *que oui...* Un des trois bourreaux vint aussitôt ouvrir la portière ; les gendarmes allaient descendre, mais le Roi les arrêta, et, appuyant la main sur mon genou. » Messieurs, dit-il d'un ton de maître, *je vous recommande monsieur que voilà ; ayez soin qu'après ma mort il ne lui soit fait aucune insulte ; je vous charge d'y veiller...* » Un des bourreaux lui coupa la parole par un oui sinistre : « Soyez, lui dit-il, tranquille, nous en aurons soin ; laissez-nous faire. » Ces paroles, dites d'un ton si sinistre, m'épouvantèrent !

» Dès que le Roi fut descendu de la voiture, trois bourreaux l'entourèrent et voulurent lui ôter son habit ; mais il les repoussa avec fierté, et se déshabilla lui-même ; il défit également son col et le haut de sa chemise ; s'arrangea de ses propres mains. Les bourreaux voulurent lui lier les mains : « *Que prétendez-*

vous ? leur dit le Roi en retirant ses mains avec vivacité. — Vous *lier*, répondit un des bourreaux. — Me *lier* ! repartit le Roi d'un ton de dignité ; *non*, je n'y consentirai jamais ; faites ce qui vous est commandé, mais vous ne me *lierez pas*; renoncez à ce projet... » Les bourreaux insistèrent ; ils élevèrent même la voix et semblaient vouloir appeler du secours pour le lier de vive force. Quel moment ! Une minute de plus, et le meilleur des Rois recevait, sous les yeux de ses sujets, un outrage mille fois plus sanglant que la mort, par la violence d'une lutte corps à corps avec les bourreaux ! Le Roi parut le craindre lui-même, et, se tournant vers moi, il me regarda fixement, comme pour me demander conseil. Hélas ! il m'était impossible de lui en donner un, et je ne répondis d'abord que par mon silence ; mais comme il continuait à me regarder : « Sire, lui dis-je avec larmes, *dans ce nouvel outrage*, je ne vois *qu'un dernier* trait de ressemblance entre Votre Majesté et le Dieu du Calvaire qui va être votre récompense ! » A ces mots, il leva les yeux au ciel avec une expression de douleur qu'il me serait

» Alors le Roi se retourna et vint de lui-même à pas lents vers l'instrument de son supplice ! Je le bénis une dernière fois en lui disant : *Fils de saint Louis, montez au ciel !* Je tombai à genoux, et il se livra comme un martyr à l'exécuteur ; la planche fatale chavira, la hache glissa et la tête du juste tomba ! »

Nous savons d'autre part que l'un des exécuteurs prit aussitôt cette royale tête, fit le tour de l'échafaud pour la montrer au peuple, et que ce fut en ce moment que le digne abbé Edgeworth de Firmont, dont le récit vient de nous dire comment Louis XVI posséda son âme jusqu'au moment où il la remit à son Créateur par la main du bourreau, parvint à percer les baïonnettes qui le cernaient et pût aller cacher dans l'ombre une vie si miraculeusement conservée et désormais marquée d'une gloire impérissable...

Enfin le sacrifice est consommé, l'auguste victime n'est plus, et les acteurs de cette horrible scène ne sont pas satisfaits, et la mesure des forfaits pour être à son comble n'est pas arrivée à son terme ?

Voici quelques autres détails que l'historien Prudhomme nous donne sur cet horrible drame qu'il appelle une scène digne des pinceaux de Tacite. « Le citoyen Heuze, dit-il, monte sur la guillotine, et, plongeant son *bras* nu dans le sang amassé en abondance sur l'échafaud de Louis Capet, il en prit des caillots plein ses mains et en aspergea par trois fois la foule qui se pressait autour de l'échafaud pour en recevoir chacun une goutte sur le front. « Frères, s'écria-t-il en faisant son aspersion, on vous a dit, et on vous dira sans doute encore que le sang de Louis Capet retomberait sur nous ; eh bien ! je désire qu'il tombe en ce moment sur vos têtes ! Ce tyran a lavé tant de fois ses mains dans le nôtre ! Républicains et amis, ne craignez rien, le sang d'un Roi porte bonheur ! (*Révol. de Paris*, 3ᵉ trim., p. 163.)

Les fruits d'une pareille tragédie ne se firent pas attendre. Aussitôt, des fédérés impossible de rendre. « Ah ! s'écria-t-il, il ne me faut rien moins que son exemple pour que je me soumette à un pareil affront ! » Il se retourne ensuite vers l'exécuteur, et lui dit : Faite ce que vous voulez faire,.... je boirai le calice jusqu'à *la lie !* »

Les marches de l'échafaud étant fort rudes à monter, le Roi pour les gravir fut obligé de s'appuyer sur mon bras, et à la peine qu'il semblait prendre, je craignis un moment que son courage ne commençât à faiblir ; mais quel fut mon étonnement lorsque parvenu à la dernière marche, je le vis, pour ainsi dire, s'échapper de mes mains, et traverser toute la longueur de l'échafaud, jeter un regard sur le palais des Tuileries, et d'un geste de la tête et d'un mot d'autorité et de majesté imposer tout à coup silence à vingt ou trente tambours qui étaient vis-à-vis de lui. Alors d'une voix forte à se faire entendre au loin, Sa Majesté fit retentir ces paroles à jamais mémorables :

« Français, voici votre Roi sur l'échafaud !

Pagination incorrecte — date incorrecte

NF Z 43-120-12

Je pardonne aux auteurs de ma mort, et je souhaite que le sang que vous allez verser vous soit profitable et ne retombe jamais sur la France ! Je meurs innocent de tout ce dont on m'accuse ! »

Voilà donc, disons-le encore, le Roi qu'on accuse de faiblesse ! Le voyez-vous en son agonie ? Ah ! c'est un héros chrétien dont le courage et la résignation égalent l'infortune, et qui, sans plainte comme sans impatience, sans faiblesse comme sans ostentation, se montre également au-dessus tantôt de la compassion et tantôt de l'admiration qu'il inspire ! On veut l'avilir et il ne fait que s'élever davantage ! Ses mains liées étaient donc dignes de porter le sceptre !

« Il allait continuer de parler, lorsque *Santerre*, à la tête de son état-major, accourut pour dire au bourreau : « Fais ton œuvre ; et vous, tambours, à vos caisses… » Aussitôt un roulement immense couvrit la voix du Roi et les murmures d'indignation qui se réveillaient.

fanatiques montent à leur tour sur l'échafaud, trempent la pointe de leurs sabres et de leurs piques dans le sang de Louis XVI, et, les brandissant vers le ciel, ils poussent avec fureur le *vivat* de la république !

Ce n'est pas tout ; hélas ! de même qu'en lisant les actes des martyrs on comprend que la vertu humaine peut faire descendre le ciel sur la terre, on comprend aussi que le régicide puisse y faire monter l'enfer ! Ces forcenés montrent à la populace qui bouillonne l'habit, le chapeau et les chaussures de leur victime imprégnés de son sang, et des centaines de mains s'en emparent les lacèrent, les déchirent. Chacun des fédérés veut en emporter un lambeau comme un souvenir du spectacle et du triomphe dont il a été et l'acteur et le témoin. Les cris de la place de la Révolution retentissent jusque dans l'enceinte de la Convention. Pâles sur leurs siéges, les députés de la *Montagne* y répondent par le décret d'une adresse au peuple français pour lui porter l'apologie du crime et le panégyrique du régicide.

Et tandis que des salves d'artillerie vont

annoncer aux faubourgs les plus lointains
que la royauté a été suppliciée avec le dernier
des Rois de France, les commissaires du conseil exécutif, les deux délégués du département, les deux mandataires de la municipalité, spécialement nommés et réunis à l'hôtel
de la Marine pour assister de ce lieu au supplice de Louis *Capet*, dressent le procès-verbal de son exécution... *Le voici* :

CHAPITRE XIII

Procès-verbal de l'exécution de Louis Capet, dressé au moment même de sa mort, à l'hôtel de la Marine, par huit commissaires du pouvoir provisoire.

L'an 1793, 2ᵉ de la république française et le 21 janvier, nous soussignés, nous nous sommes transportés à l'hôtel de la Marine, place de la Révolution, à 9 heures du matin de ce jour, où étant nous avons attendu jusqu'à dix heures précises les commissaires nommés par la municipalité de Paris, ainsi que les juges et le greffier du tribunal criminel, en l'absence desquels l'un de nous a dressé le présent procès-verbal.

Nous nous sommes assemblés à l'effet d'assister du lieu où nous sommes, à l'exécution du décret de la Convention nationale des 15, 17, 19 et 20 dudit jour de ce mois, dont expéditions sont jointes au présent procès-verbal.

Et, à 10 heures 1/4 précises du matin, sont arrivés les citoyens Jacques-Claude Bernard, et Jacques Roux, tous deux officiers municipaux et nommés commissaires de la municipalité, munis de leurs pouvoirs, lesquels ont, conjointement avec nous, assisté aux opérations constatées par le présent procès-verbal. Et, à la même heure, est arrivé dans la rue et place de la Révolution le cortége commandé par Santerre, commandant général, conduisant Louis Capet dans une voiture à quatre roues, et approchant de l'échafaud dressé sur ladite place de la Révolution, entre le piédestal de la statue du ci-devant Louis XV et l'avenue des Champs-Elysées.

A 10 heures 22 minutes, il a monté sur l'échafaud; l'exécution a été bientôt consommée, et sa tête a été montrée au peuple.

Et avons signé, savoir:

Lefèvre, Momoro, Bernard, Jacques Leroux, Sallier, Isabeau, *témoins oculaires.*

Extrait des archives de l'État.

CHAPITRE XIV.

Inhumation de Louis XVI dans le cimetière de la Madeleine, attestée par l'abbé Renard, ancien premier vicaire de cette paroisse qui, sur l'invitation de son curé malade, et par ordre du pouvoir exécutif, dut, le 20 janvier 1793, faire préparer fosse et chaux vive, et présider le lendemain, en habits sacerdotaux, aux obsèques de Sa Majesté.
Le 10 mai 1814, cette pièce importante fut adressée, par l'auteur, à M. le marquis d'Ambray, grand chancelier de France.

Le 20 janvier 1793, le pouvoir exécutif manda M. Picavez, curé de la paroisse de la Madeleine, pour le charger de l'exécution de ses ordres relativement aux obsèques de Sa Majesté Louis XVI.

M. Picavez, ne se sentant pas le courage nécessaire pour remplir une fonction aussi pénible et aussi douloureuse, prétexta une maladie, et me chargea, comme son premier vicaire, de le remplacer et de veiller, sous ma responsabilité, à la stricte exécution des ordres intimés par le pouvoir exécutif. Ma réponse fut d'abord un refus positif, fondé sur ce que personne n'avait, peut-être, plus aimé Louis XVI que moi. Mais, sur l'observation fort juste que M. Picavez me fit, que ce double refus pourrait avoir des suites fâcheuses et incalculables pour nous deux, j'acceptai cette douloureuse mission.

En conséquence, le lendemain 21, après m'être préalablement assuré que, dès la veille, les ordres prescrits par le pouvoir exécutif et relatifs à la quantité de chaux vive et à la profondeur de la fosse qui, autant que je puis me le rappeler, devait être de 10 pieds de profondeur, avaient été ponctuellement exécutés, j'attendis à la porte de l'église, accompagné de la croix et de feu M. l'abbé Damoreau, deuxième vicaire, que l'on nous remît le corps de sa Majesté. Sur la demande que j'en fis, les commissaires du département et de la commune me répondirent que les ordres qu'ils avaient reçus leur prescrivaient de ne pas perdre un seul instant de vue les restes de Louis Capet. Le corps n'entra donc pas à l'église.

Nous fûmes donc obligés, M. Damoreau et moi, de les suivre et de les accompagner jusqu'au cimetière, rue d'Anjou-Saint-Honoré.

Dans le court intervalle que nous eûmes à parcourir, nous fûmes escortés par un flot de peuple égaré, d'un régiment de dragons, et de gendarmes à pied, dont la musique jouait des airs républicains.

Arrivés au cimetière, on nous présenta le corps; je fis faire le plus grand silence. Sa Majesté était vêtue d'un gilet piqué blanc, d'une culotte de soie grise, et les bas pareils. La figure n'était pas décolorée; ses traits étaient restés les mêmes et ses yeux ouverts semblaient encore reprocher à ses juges l'attentat inouï dont ils venaient de se rendre coupables.

Nous récitâmes alors toutes les prières usitées pour

le service des morts, et, je puis le dire sans mentir, cette multitude, qui tantôt faisait retentir l'air de ses vociférations, entendit les prières faites pour le repos de l'âme de Sa Majesté avec le silence le plus religieux!

Avant de descendre dans la fosse le corps du Roi resté à découvert dans la bière, la tête posée entre les jambes, il fut jeté dans ladite fosse, distante à dix pieds du mur, d'après les ordres du pouvoir exécutif, un lit de chaux vive. Le corps fut ensuite couvert d'un autre lit de chaux, d'un lit de terre alternativement superposés et fortement battus à plusieurs reprises.

Nous nous retirâmes ensuite en silence après cette bien pénible cérémonie, et il fut, autant que je me le rappelle, dressé par M. le juge de paix procès-verbal qui fut signé de deux membres du département et de deux membres de la commune. Rentré à l'église, je dressai aussi un acte mortuaire, mais sur un simple registre, lequel fut enlevé par les membres du comité révolutionnaire lors de la fermeture des églises.

Je certifie, sur l'honneur, que le contenu de la présente déclaration qui m'a été demandée, est de la plus exacte vérité, et je suis prêt, s'il le faut, à la renouveler sous la foi du serment.

En foi de ce, je l'ai signée à Paris, le 10 mai 1818.

RENARD, ancien premier vicaire de la Madeleine,
rue Caumartin, n° 42.

CHAPITRE XV.

Procès-verbal de l'inhumation de Louis Capet, envoyé le 22 janvier 1793 par les membres de la commune et du département au Conseil exécutif provisoire, et transmis, en 1814, par M. Chabrol, préfet de la Seine, au marquis Dambray, grand chancelier de France.

Le 21 janvier 1793, l'an deux de la république française, nous soussignés administrateurs du département et de la commune, nous nous sommes transportés, à 9 heures du matin, en la demeure du citoyen Picavez, curé de la Madeleine, lequel ayant trouvé chez lui, nous lui avons demandé s'il avait pourvu à l'exécution des mesures qui lui avaient été expressément recommandées la veille par le pouvoir exécutif pour l'inhumation de Louis Capet. Il nous a répondu qu'il avait exécuté de point en point tout ce qui lui avait été ordonné, et que tout était préparé. De là, accompagnés des citoyens Renard et Damoreau, tous deux ses vicaires, chargés par le citoyen curé de le remplacer, nous nous sommes rendus au cimetière de ladite paroisse de la Madeleine, situé rue d'Anjou Saint-Honoré, où étant, nous avons reconnu que les ordres donnés au citoyen curé, en vertu de la commission que nous avions reçue, avaient été exactement exécutés.

« Peu après, en notre présence, le corps de Louis

Capet a été déposé par un détachement de gendarmerie à pied dans ledit cimetière. Nous avons reconnu le corps entier dans ses membres ; la *tête séparée* du *tronc* était posée entre les jambes.

Nous avons remarqué que les cheveux du derrière de la tête étaient coupés et le cadavre sans cravate, sans habit, sans chapeau et sans souliers. Du reste, il était vêtu d'une chemise, d'une veste piquée en forme de gilet blanc, d'une culotte de drap gris et d'une paire de bas de soie grise.

Ainsi vêtu, et déposé dans une bierre ouverte, laquelle a été descendue dans la fosse sur une couche de chaux vive, le corps a été couvert d'un autre lit de chaux et puis de terre bien battus, et le tout a été disposé et exécuté d'une manière conforme aux ordres donnés par le conseil exécutif provisoire de la république française, au jour et heure que dessus, et avons signé avec les citoyens Picavez, Renard et Damoreau, curé et vicaires de la Madeleine-la-Ville-l'Évêque.

LEBLANC, *administrateur du départem.*, DUBOIS ; *commiss.* : DAMOREAU, PICAVEZ, RENARD.

(*Arch. de la ville de Paris.*)

Accusé de réception de la pièce qui précède.

Paris, 22 janvier 1793.

Le conseil exécutif provisoire a reçu, Citoyens, le procès-verbal de l'inhumation de Louis *Capet* ; il remplit *parfaitement* l'objet que se proposait le conseil, etc.

Le secrét. du conseil exécutif, GROUVELLE.
(Arch. de la ville de Paris.)

Envoi du susdit procès-verbal au marquis d'Ambray, grand chancelier de France.

Monseigneur, j'ai l'honneur de vous transmettre le procès-verbal dressé lors de l'inhumation de Louis XVI. Je n'ai pu retrouver encore celui qui suivit l'inhumation de la Reine, etc., etc.

CHABROL, *préfet de la Seine.*
(Arch. de l'État.)
8 mai 1814.

CHAPITRE XVI.

Première messe expiatoire qui fut dite à minuit un quart, le 21 janvier 1793, pour le repos de l'âme de Louis XVI sur la demande de X....., étrange personnage. — Fort curieuse légende et réflexions.

Louis XVI, de sainte mémoire, était mort avec une majesté vraiment royale.

Sa fermeté, son courage et son sang-froid firent une telle impression sur les principaux acteurs et témoins de son supplice, que l'un d'eux, que nous ne voulons pas nommer encore, dut plier sous le poids d'un pareil spectacle et ne put arracher de son esprit, pendant les treize années qu'il survécut au royal martyr l'image de cette auguste victime à ses derniers moments.

Le soir même du 21 janvier 93, cet homme ne parut que quelques instants au sein de sa famille ; il en sortit au bout de dix minutes, et n'y rentra que vers les deux heures après minuit. Alors il dit à un des siens qui l'attendait avec anxiété : « Chesneau, j'ai vu vos protégés ; l'hiver est rude ; il faut, dès demain matin, leur faire porter du bois et des provisions qu'on renouvellera au bout de quelques jours : mais surtout que cela n'ait pas l'air de venir d'ici ; je ne veux pas qu'ils connaissent l'origine de ces secours, ces braves gens ne voudraient pas les accepter. »

La nuit de cet homme fut affreuse. Le lendemain, pressé par sa femme, il lui avoua qu'il s'était rendu en la quittant la veille aux portes de la Villette, faubourg Saint-Martin, dans une pauvre masure qui servait de refuge à un prêtre insermenté et à deux religieuses chassées de leurs couvents, et qu'il avait obtenu de la charité du prêtre la célébration d'une messe, bien moins pour le repos de l'âme du Roi, à qui le martyre avait dû ouvrir les portes du ciel, que pour la paix de sa conscience, à lui, torturée par le remords et accablée sous le poids de l'acte qu'il avait été forcé de commettre.

Le secret de cette messe expiatoire fut religieusement gardé pendant la vie de cet homme ; sa femme seule et un célèbre écrivain le connaissaient jusque dans les moindres détails, et sous promesse de n'en pas parler de son vivant. Après sa mort, sa veuve le confia à ses enfants et à quelques rares amis. Ce fut alors que l'écrivain, confident de ce secret, crut pouvoir et devoir en faire à son tour le récit, en le faisant servir d'introduction à ses Mémoires, qui furent édités sous la Restauration (en 1818.)

Or, comme cette curieuse légende, aussi inattendue que rigoureusement vraie, est, en quelque sorte, un beau pendantif de la chapelle, et que, d'après le bon la *Fontaine*, on peut prendre son bien où on le trouve, assurément le lecteur ne sera pas fâché que nous laissions à un collaborateur tel que Balzac tout le mérite d'un style qu'on dirait presque perdu avec lui, le soin de raconter, de la manière la plus attachante, l'étrange et exacte anecdote que voici. Par son étrangeté, elle suspendra, pour un moment, la tristesse de ce douloureux écrit.

« Le 21 janvier 1793, vers les dix heures du soir, au moment où une vieille dame, qui venait d'acheter, faubourg Saint-Martin, une boîte d'hosties pour la célébration des saints mystères, rentrait chez elle, un homme qui l'avait suivie était resté immobile, occupé à contempler la maison où elle demeurait. Elle se hâte d'entrer ; puis, saisie d'effroi, elle s'assit avec précipitation sur une chaise que lui présenta un vieillard.

— Cachez-vous ! cachez-vous ! lui dit-elle ; car, malgré que nous sortions bien rarement, nos démarches sont connues et nos pas sont épiés.

— Qu'y a-t-il de nouveau ? demanda une autre vieille femme assise auprès du feu. — L'homme qui rôde autour de la maison depuis quelques jours m'a suivie ce soir.

A ces mots, les trois habitants de cette pauvre masure se regardèrent en laissant paraître sur leurs visages les signes d'une terreur profonde. Le vieillard était le moins agité, peut-être parce qu'il était le plus en danger. Quand on est sous le poids d'un grand malheur ou sous le joug de la persécution, un homme courageux commence, pour ainsi dire, par faire le sacrifice de lui-même, et ne considère ses jours que comme autant de victoires remportées sur le sort.

» Les regards des deux femmes, attachés sur ce vieillard, laissaient aisément deviner qu'il était l'unique objet de leur vive sollicitude.

» — Pourquoi désespérer de Dieu, mes sœurs ? dit-il à voix basse, mais onctueuse. S'il a voulu que je fusse sauvé de la boucherie des Carmes, c'est sans doute pour me réserver à une destinée que je dois accepter sans murmure. C'est de vous, et non de moi, qu'il faut s'occuper. — Non, dirent les deux vieilles dames.

» — Voici, reprit celle qui arrivait et qui tendit la petite boîte au prêtre; voici les hosties. Mais, s'écria-t-elle, j'entends quelqu'un monter les degrés !

» A ces mots, tous trois se mirent à écouter. Il fut facile d'entendre, au milieu du plus profond silence, les pas d'un homme dans l'escalier. Le prêtre se coula péniblement dans une espèce d'armoire, et une des deux religieuses jeta promptement quelques hardes sur lui.

» — Vous pouvez fermer, sœur Agathe, dit-il d'une voix étouffée.

» A peine le prêtre était-il caché, que trois coups frappés sur la porte firent tressaillir les deux saintes filles ; elles se consultèrent des yeux sans oser prononcer une parole ; elles demeurèrent muettes, ne connaissant d'autre défense que la résignation chrétienne.

» Interprétant ce silence à sa manière, l'homme qui demandait à entrer ouvrit la porte, et se montra tout à coup. Les deux pauvres religieuses frémirent en reconnaissant en lui le personnage qui, depuis cinq ou six jours, rôdait autour de la maison, et semblait prendre des informations sur leur compte. Elles restèrent immobiles en le contemplant avec une curiosité inquiète et saisies de stupeur.

» Cet homme était de moyenne taille et un peu gros, mais rien dans sa démarche, dans son air, ni dans sa physionomie n'indiquait un méchant homme. Il imita l'immobilité des religieuses et promena lentement ses regards sur la chambre où il se trouvait.

» Deux nattes de paille, posées sur des planches, semblaient servir de lit aux religieuses. Une seule table était au milieu de la chambre; il y avait dessus un chandelier de cuivre, quelques assiettes, trois couteaux et un pain rond. Le feu de la cheminée était très-modeste, et quelques morceaux de bois entassés dans un coin attestaient la pauvreté des deux recluses. Une relique, sans doute sauvée du pillage de l'abbaye de Chelles, était placée sur le manteau de la cheminée. Trois chaises, deux coffres et une mauvaise commode achevaient l'ameublement de cette pièce. Une porte pratiquée auprès de la cheminée faisait conjecturer qu'il existait une autre chambre.

» L'inventaire de cette cellule fut fait en deux secondes par le personnage qui s'était introduit sous des auspices aussi sinistres au sein de ce ménage. Un sentiment de commisération se peignit sur sa figure et il jeta un regard de bienveillance sur les deux *nonnes*. Il paraissait au moins aussi embarrassé qu'elles, et l'étrange silence dans lequel ils demeurèrent tous trois dura une minute environ. Mais il finit par deviner la faiblesse morale et l'inexpérience des deux pauvres créatures, et alors il leur dit d'une voix douce et timide :

» — Je ne viens point ici en ennemi, citoyen... Il s'arrêta et se reprit pour dire mes sœurs. S'il vous arrivait quelque malheur, croyez que je n'y aurais pas contribué. J'ai une grâce à réclamer de vous. Elles gardèrent toujours le silence.

» Si je vous importunais, si... je vous gênais, parlez librement, je me retirerais ; mais sachez que je vous suis tout dévoué, que s'il est quelque bon office que je puisse vous rendre, vous pouvez m'employer sans la moindre crainte. Parlez.

» Il y avait un tel accent de vérité dans ces paroles que la sœur Agathe, celle des deux religieuses qui appartenait à la maison de Béthune, sembla lui indiquer une des chaises comme pour le prier de s'asseoir. L'inconnu manifesta une sorte de joie mêlée de tristesse en comprenant ce geste, et attendit pour prendre place que les deux respectable filles fussent assises.

» — Vous avez donné asile, reprit-il, à un vénérable prêtre non assermenté et qui a miraculeusement échappé aux massacres des Carmes.

» — Mais, monsieur, dit vivement la sœur Marthe, nous n'avons pas de prêtre ici, et...

— Il faudrait alors avoir plus de soin et de prévoyance, répliqua doucement l'étranger en avançant le bras vers la table et en prenant un bréviaire. Je ne pense pas que vous sachiez le latin, et...

» Il ne continua pas, car l'émotion extraordinaire qui se peignit sur les figures des deux pauvres religieuses lui fit craindre d'avoir été trop loin. Elles étaient tremblantes, et leurs yeux se remplirent de larmes.

» — Rassurez-vous, leur dit l'inconnu d'une voix franche, je sais le nom de votre hôte et les vôtres. Il y a cinq jours que je suis instruit de votre détresse et de votre dévouement pour le vénérable abbé de... — Chut! dit naïvement la sœur Agathe en mettant un doigt sur ses lèvres.

» — Vous voyez, mes sœurs, que si j'avais conçu l'horrible dessein de vous trahir, j'aurais déjà pu l'accomplir plus d'une fois.

» En entendant ces paroles, le prêtre se

dégagea de sa prison et reparut au milieu de la chambre. — Je ne saurais croire, monsieur, dit-il à l'inconnu, que vous soyez un de nos persécuteurs, et je me fie à vous. Que voulez-vous de moi ?

» La sainte confiance du prêtre, la noblesse répandue dans tous ses traits auraient désarmé des assassins. Le mystérieux personnage, qui était venu animer cette scène de misère et de résignation, contempla un moment le groupe que formaient ces trois êtres ; et, prenant un ton de confidence, il s'adressa au prêtre en ces termes :

» — Mon père, je venais vous supplier de célébrer une messe mortuaire pour le repos de l'âme… d'un… d'une personne dont le corps ne reposera jamais dans la terre sainte, à ce que j'ai ouï dire.

» Le prêtre frissonna involontairement ; les deux religieuses, ne comprenant pas encore de qui l'inconnu voulait parler, restèrent le corps tendu, le visage tourné vers les deux interlocuteurs dans une attitude de curiosité.

» L'ecclésiastique examina l'étranger. Une

anxiété non équivoque était peinte sur sa figure, et ses regards exprimaient d'ardentes supplications.

» — Eh bien ! répondit le prêtre, ce soir, à minuit, revenez, et je serai prêt à célébrer le seul service que nous puissions offrir en expiation du crime.

» L'infortuné tressaillit, mais une satisfaction tout à la fois douce et grave parut triompher d'une douleur secrète, et, après avoir salué le prêtre et les deux saintes filles, il disparut en témoignant une sorte de reconnaissance muette qui fut comprise par ces trois âmes généreuses.

» Environ deux heures après cette scène, l'inconnu revint ; et, après avoir discrètement frappé à la porte, il fut introduit par mademoiselle de Charost. Elle le conduisit dans la seconde chambre de ce modeste réduit où tout avait été préparé pour la célébration du plus auguste des mystères.

» Entre deux tuyaux de cheminée les deux religieuses avaient apporté la vieille commode vermoulue dont les contours antiques étaient ensevelis sous un devant d'autel en moire verte. Un grand crucifix d'ébène et d'ivoire, attaché sur un mur jaune, en faisait ressortir toute la nudité, et attirait nécessairement les regards. Quatre petits cierges fluets que les sœurs avaient réussi à fixer sur cet autel improvisé en les scellant dans la cire jaune qui s'était refroidie subitement, jetaient une lueur pâle et mal réfléchie par le mur. Rien n'était moins pompeux, et cependant rien peut-être ne fut plus solennel que cette cérémonie lugubre. Un profond silence répandait une sorte de majesté sombre sur cette scène nocturne, et la grandeur de l'action contrastait si fortement avec la pauvreté des choses, qu'il en résultait un sentiment d'effroi religieux.

» De chaque côté de l'autel, les sœurs étaient agenouillées sur la tuile du plancher sans s'inquiéter de son humidité mortelle. Elles priaient de concert avec le prêtre, qui, revêtu de ses habits sacerdotaux, disposait un calice d'or orné de pierres précieuses, vase sacré sauvé, sans doute, du pillage de l'abbaye de Chelles.

» L'inconnu vint pieusement s'agenouil-

ler près des deux religieuses. Mais, tout à
à coup, apercevant un crêpe au calice et au
crucifix, car, n'ayant rien pour annoncer la
distinction de cette messe funèbre, on avait
mis Dieu même en deuil, il fut assailli d'un
souvenir si cuisant que des gouttes de sueur
se formèrent sur son large front.

» Les quatre silencieux acteurs de cette
pieuse scène allaient célébrer un *obit* sans le
corps du défunt, intercéder auprès de Dieu
pour un Roi de France, et faire son convoi
sans cercueil. C'était le plus pur de tous les
dévouements, un acte étonnant de fidélité.
Toute la monarchie était là dans les prières d'un
prêtre, de deux pauvres filles, et peut-être
aussi la révolution était-elle représentée par
cet homme dont la figure trahissait trop de
remords pour ne pas croire qu'il accomplissait les vœux d'un immense repentir.

» Au moment de prononcer les paroles
latines : *Introibo ad altare Dei*, etc., le prêtre,
par une inspiration divine, regarda les trois
assistants qui figuraient la France chrétienne
et leur dit : « Nous allons entrer dans le sanctuaire de Dieu ! » A ces paroles, jetées avec

une onction pénétrante, une sainte frayeur saisit l'assistant et les deux religieuses. La ferveur de l'inconnu était vraie ; aussi le sentiment qui unissait les prières de ces quatre serviteurs de Dieu et du Roi fut-il unanime. Il y eut un moment où les pleurs gagnèrent l'inconnu : ce fut au *Pater noster*.

» Le prêtre y ajouta cette prière latine : *Et remitte scelus regicidis sicut Ludovicus eis remisit semet ipse*, — et pardonnez aux régicides comme Louis leur a pardonné lui-même.

» Les deux religieuses virent deux grosses larmes tracer un chemin humide le long des joues mâles de l'inconnu et tomber sur le plancher. L'office des morts fut récité ensuite. Le *Domine salvum fac Regem*, chanté à voix basse, attendrit ces fidèles royalistes. Ils pensèrent que l'enfant Roi pour lequel ils suppliaient, en ce moment, le Très-Haut, était captif entre les mains de ses ennemis.

» Quand le service funèbre fut terminé, le prêtre fit signe aux deux religieuses qui se retirèrent. Aussitôt qu'il se trouva seul avec l'inconnu, il alla vers lui d'un air doux et

triste, puis il lui dit d'une voix paternelle :
— Mon fils, si vous avez trempé vos mains dans le sang du Roi martyr, prenez confiance en mes paroles. Il n'est pas de faute qui, aux yeux de Dieu, ne soit effacée par un repentir aussi touchant et aussi sincère que le vôtre paraît l'être.

» Aux premiers mots prononcés par l'ecclésiastique, l'étranger laissa apercevoir un mouvement de terreur involontaire ; mais, reprenant une contenance calme et regardant avec assurance le prêtre étonné : — Mon père, lui dit-il d'une voix visiblement altérée, nul n'est plus innocent que moi du sang versé hier. — Je vous dois croire, dit le prêtre. Il fit une pause pendant laquelle il tint les yeux fixés sur l'inconnu. Puis, persistant à le prendre pour un de ces peureux conventionnels qui livrèrent une tête inviolable et sacrée afin de conserver la leur, il reprit d'une voix grave :

» Songez, mon enfant, qu'il ne suffit pas, pour être absous de pareil crime, de n'y avoir pas coopéré. Ceux qui, devant le défendre, ne l'ont pas défendu, auront un compte bien lourd devant le Roi des cieux. — Vous croyez, demanda l'inconnu stupéfait, qu'une participation indirecte sera punie? — Oui. — Le soldat qui a été commandé pour former la haie est-il donc coupable? — Non, dit le prêtre. L'étranger prenant cette dernière réponse pour une solution favorable à des doutes pour lesquels il paraissait tourmenté, ne crut pas devoir insister davantage et dit au prêtre par manière d'acquit, mais dans une vive anxiété :

» — Je rougirais de vous offrir un honoraire quelconque pour le service funéraire que vous venez de célébrer pour le repos de l'âme du Roi. On ne peut payer une chose inestimable que par un offrande qui soit aussi hors de prix. Daignez donc accepter, monsieur, le don que je vous fais d'une sainte relique. Un jour viendra, peut-être, où vous en comprendrez la valeur.

» En achevant ces mots, l'étranger présentait à l'ecclésiastique une petite boîte extrêmement légère. Le prêtre la prit involontairement, pour ainsi dire, car la solennité des paroles de cet homme, le ton qu'il y mit, le respect avec lequel il tenait cette boîte, l'avaient plongé dans une profonde surprise.

» Alors ils rentrèrent dans la pièce où les deux religieuses les attendaient. — Vous êtes, leur dit l'inconnu, dans cette maison plus en sûreté qu'en aucun lieu de France. Restez-y. Des âmes pieuses veilleront à vos besoins, et vous pourrez attendre sans danger des jours moins mauvais.

» Dans un an, au 21 janvier (en prononçant ces derniers mots il ne put dissimuler un mouvement involontaire), si vous adoptez ce triste lieu pour asile, je reviendrai assister avec vous à la messe expiatoire. Il n'acheva pas, il salua les muets habitants de cette pauvre demeure, jeta un dernier regard sur les symptômes qui déposaient de leur indigence, et il disparut.

» Pour les deux innocentes religieuses, une semblable aventure avait tout l'intérêt d'un roman. Aussi, dès que le vénérable abbé les instruisit du mystérieux présent si solennellement fait par cet homme, la boîte fut placée par elles sur la table, et les trois figurès inquiètes trahirent une indescriptible curiosité.

» Mademoiselle de Charost y trouva un long mouchoir de batiste très-fin. Il était souillé par quelques taches de sueur. Après l'avoir examiné tous trois à la lumière avec une attention scrupuleuse, ils y reconnurent de petits points presque noirs et clair-semés, comme si ce linge avait reçu des éclaboussures. — C'est du sang, dit le prêtre d'une voix profonde. Les deux sœurs laissèrent tomber la relique prétendue avec horreur !

» Pour ces deux âmes naïves, le mystère dont s'enveloppait l'étranger devint inexplicable; quant au prêtre, dès ce jour il ne tenta même pas de se l'expliquer.

» Les trois prisonniers ne tardèrent pas à s'apercevoir, même au plus fort de la terreur, qu'une main protectrice était étendue sur eux. D'abord ils reçurent du bois, des provisions, puis du linge et quelques vêtements pour n'être pas reconnus. Malgré la famine qui pesa sur Paris, ils trouvèrent à la porte de leur taudis des rations de pain blanc qui y étaient régulièrement apportées par des mains presque invisibles et tout à fait inconnues.

» Les nobles habitants du grenier ne pouvaient pas douter que leur protecteur ne fût le personnage qui était venu faire célébrer la messe expiatoire dans la nuit du 21 janvier 1793. Aussi, soir et matin, ils priaient pour son bonheur, pour sa prospérité et pour son salut. Ils en parlaient souvent, bien souvent, et ils se promettaient bien de lui offrir mille actions de grâces le soir où il reviendrait, selon sa promesse, célébrer le triste anniversaire de la mort de Louis XVI. Cette nuit, si impatiemment attendue, arriva enfin.

» A minuit le bruit des pas pesants de l'inconnu retentit dans le vieil escalier de bois. La chambre avait été préparée pour le recevoir. L'autel était dressé. Cette fois, les sœurs ouvrirent la porte d'avance et toutes deux s'empressèrent d'éclairer l'escalier. Mademoiselle de Charost descendit même quelques marches pour voir plus tôt son bienfaiteur. — Venez, lui dit-elle d'une voix émue, venez, l'on vous attend.

» L'homme leva la tête, jeta un regard

sur la religieuse, et ne répondit pas. Elle sentit comme un vêtement de glace tomber sur elle, et garda le silence.

» L'inconnu entra, et à son aspect, la reconnaissance et la curiosité expirèrent dans tous les cœurs. Les trois pauvres reclus comprirent que cet homme voulait rester un étranger pour eux; ils se résignèrent. Il entendit la messe, pria et disparut, après avoir répondu par quelques mots de politesse, mais négative, à l'invitation de partager une petite collation que mademoiselle de Charost avait préparée pour le recevoir.

» Jusqu'à ce que le culte catholique eut été rétabli par le premier Consul, la même messe expiatoire se célébra mystérieusement dans la pauvre demeure sise aux portes de la Villette. Quand les religieuses et l'abbé purent se montrer sans crainte, ils ne revirent plus l'inconnu. Cet homme resta dans leur souvenir comme une énigme. Les deux sœurs religieuses de haute naissance trouvèrent bientôt des secours dans leurs familles, dont quelques membres avaient été radiés de la liste des émigrés, et reprirent leurs habitudes monastiques ; elles racontèrent à leurs parents et à des amis leurs moyens d'existence pendant la terreur, la main de Dieu sur elles et la messe expiatoire, etc.

» Le prêtre, qui, par son origine, ses bons offices et son mérite, pouvait prétendre à un évêché, resta à Paris et y devint le directeur des consciences de plusieurs familles aristocratiques du faubourg Saint-Germain.

» Après le rétablissement du culte, la messe expiatoire du 21 janvier continua d'être célébrée, mais ostensiblement, à *Saint-Laurent*, paroisse du fondateur, et son petit-fils, le dernier de sa race, H. *Sanson*, ancien exécuteur des hautes œuvres de la Cour de Paris, a positivement déclaré dans des mémoires édités en 1863, qu'il accomplit, comme son père, le vœu formé par son aïeul, et que tant qu'il vivrait, la réparation solennelle des bourreaux ne manquera pas à l'expiation du régicide ; que la relique offerte par son aïeul au vénérable abbé X... était véritablement le mouchoir que Louis XVI tenait à la main en arrivant sur le lieu de son immolation ; qu'il avait dû s'en servir pendant le trajet pour essuyer sur son front la sueur de l'agonie, et que quelques gouttelettes de son noble sang avaient rejailli, au moment fatal, sur le fin tissu. »

* *

D'après de tels aveux et sur un pareil témoignage sorti de la bouche même d'un tel acteur, dans ce drame sanglant, tout porte à croire qu'il y avait alors dans ce cœur de *bourreau*, décapitant l'infortuné Louis XVI, quelque chose d'analogue au noble sentiment de repentir qui fit s'écrier le centenier du Calvaire, à la vue de Jésus expirant : « Ah ! certainement celui-ci était juste ! *hic justus erat !* »

Du reste, si tant est qu'il soit nécessaire, nous pourrions encore justifier notre appréciation par plusieurs autres faits ; nous n'en citerons qu'un seul. En voici le résumé :

Un journal, le *Thermomètre*, dans son numéro de 13 fevrier 1793, disait tenir de *H. Sanson* que Louis XVI avait *pâli sur l'échafaud, qu'il avait copieusement soupé la nuit, et fortement déjeuné le matin !*.

Or, provoqué par ce journal, l'exécuteur

des hautes œuvres s'empressa d'écrire au *Thermomètre :* « Monsieur le rédacteur, vous me faites dire ce que je n'ai ni dit, ni pu dire, car j'affirme, pour rendre hommage à la vérité, que le Roi est resté Roi sur l'échafaud, et je suis bien convaincu qu'il n'avait puisé ce courage, ce sang-froid et cette fermeté d'âme qui nous a tous étonnés que dans les principes de la religion, dont personne n'était plus pénétré que lui ! » Ainsi, même au jugement du bourreau, pareille mort couronne la plus belle vie et mérite la palme du martyre.

CHAPITRE XVIII.

La Reine Marie-Antoinette calomniée, outragée dans l'intrigue du collier. — Ses angoisses au Temple. — Son fils arraché de ses bras. — Ses adieux à sa fille, à Madame Élisabeth. — Son vêtement de deuil. — Sa translation à la Conciergerie. — Nature de sa prison pendant soixante-quatre jours.

Le martyre de Louis XVI consommé ne suffisait pas aux factieux. La mesure du crime, pour être comble, n'est pas encore à son terme. Un abîme doit appeler un autre abîme; après l'époux, on vit immoler l'épouse, et cette seconde victime ne sera pas la dernière.

Quel sort pour cette Reine infortunée que Marie-Thérèse d'Autriche avait donnée à la France avec amour et entière confiance et que la France avait reçue avec d'indicibles transports de joie!

Les trois enfants qu'elle avait donnés au trône, loin de la flétrir, n'avaient fait qu'ajouter au charme qui lui avait d'abord gagné tous les cœurs dès son arrivée en France, et à l'impression de sa personne, le caractère de la dignité maternelle qui sied si bien à la dignité d'une grande nation. Aussi, pendant plus de quinze années, son nom fut béni, acclamé. Sa présence seule excitait les *vivat* de l'enthousiasme.

Eh bien ! ô vicissitudes humaines ! à cette auguste fille des Césars, si aimée, et si digne de l'être, Dieu réservait des jours de tristesse, une époque de profonds chagrins, d'infortune et d'effroyables disgrâces. Une intrigue satanique en fut le signal ; nous parlons de l'intrigue du collier, début fatal des iniquités où devait s'abimer la majesté d'une monarchie de huit siècles de gloire.

Certes la lumière s'est faite sur cette trame indigne, ourdie par un cardinal insensé ; aussi, nous n'en parlerons pas ; mais l'histoire répétera, en frémissant, les cris de courroux et de mépris de la Reine de France.

« C'est une insulte affreuse, » s'écrie-t-elle ! dans une de ses admirables lettres qu'on vient de publier, « c'est une insulte affreuse, ma bonne sœur, plaignez-moi ! Je suis noyée dans mes larmes ! Quoi ! un homme qui a pu avoir l'audace de se prêter à cette sotte et infâme scène du *bosquet*, qui a supposé qu'il avait eu un rendez-vous de la Reine de France, de la femme de son Roi; que la Reine avait reçu de lui une rose et avait souffert qu'il se jetât à ses pieds, ne serait-ce pas, quand il y a un trône, un criminel de lèse-majesté? ce serait seulement un homme qui s'est trompé. C'est odieux et révoltant ! Plaignez-moi, ma bonne sœur ! »

Tout le reste, ainsi que M. Laurentie a eu soin de le dire, le 1er juillet 1864, dans le journal l'*Union*, tout le reste est de cet éclat de colère et de vertu; mais le signal est donné, et Marie-Antoinette doit s'attendre à passer par d'effroyables malheurs; et, comme il faut à certaines gens la honte, le mensonge et la souillure, ses ennemis, pour absoudre un crime par un crime, ne reculeront pas devant la calomnie, et Marie-Antoinette, quoique d'une vie irréprochable et qu'elle n'eût jamais oublié ce que son nom lui imposait de devoirs et de vertus, sera cependant, grâce à la diffamation, attaquée dans son honneur d'épouse et de mère, sera honnie, méprisée ; elle ne pourra même plus mettre la tête à la fenêtre avec ses enfants, sans provoquer de la part de ce même peuple qui tantôt, l'aimait et l'adorait, le raffinement de l'insulte et de l'outrage!

Oui, cette femme vraiment forte, de mœurs irréprochables, moins élevée par son rang que par son caractère, au-dessus de ses malheurs par son courage, comme au-dessus des calomnies par sa vertu, on la peignit, dans les plus hideux pamphlets, sous les traits d'une *Messaline!*.. Et afin que le lecteur ne nous accuse pas d'exagération, nous l'invitons à lire certaines feuilles de l'époque!

Voici en quels termes le *divin* Marat osait traiter Marie-Antoinette, dans son journal, l'*Ami du peuple*: *Citoyens, veillez, veillez autour de ce palais des Tuileries, asile inviolable de tous les complots contre nature! Veillez! Une Reine perverse, une Autrichienne sans pudeur y fascine un Roi imbécile et y élève les louveteaux de la tyrannie contre la nation.*

On savait cependant bien que la Reine était dévouée à la prospérité et au bonheur de la France, et qu'elle ne fut jamais complice que des bienfaits de son époux; mais parce qu'elle en avait les vertus, elle devait, grâce à à la diffamation, en partager l'infortune et monter comme lui sur l'échafaud.

Après la mort du Roi, la Reine, toujours détenue au Temple, fit demander à l'Assemblée nationale le moyen et l'autorisation de donner la dernière marque de respect à la mémoire de son mari, en en portant le deuil : cette demande fut accueillie, mais le vêtement ne fut pas somptueux. Le coût de ce deuil, d'après le relevé des dépenses du Temple, fut de 25 fr. 60 c., ni plus ni moins !

Le Dauphin arraché des bras de sa mère.

La Convention ayant décrété que la veuve *Capet* serait jugée, ordonna qu'elle fût séparée de son fils. Le même jour, cet arrêt lui fut signifié au Temple par quatre commissaires. En entendant la lecture de cet ordre, l'enfant se précipita dans les bras de sa mère, la suppliant de ne pas l'abandonner à ses bourreaux !

La Reine, sa fille, la Dauphine et Madame Élisabeth tombent à genoux, et, les mains jointes, conjurent les commissaires de renoncer à ce projet. Vaines supplications ; ils ne répondirent même pas. Alors la Reine se relève brusquement, saisit son fils et l'emporte sur son lit, et, se plaçant entre lui et les municipaux, livrée au désespoir, elle leur déclare qu'ils la tueront sur place avant d'arriver jusqu'à lui. Menacée en vain de la violence si elle continuait de résister au décret, elle lutte longtemps, jusqu'à l'épuisement de ses forces, contre les injonctions, les menaces, les injures et les gestes des commissaires. Tombée enfin de lassitude, elle se relève aussitôt, habille son fils, âgé de *sept ans*, et le rend forcément, baigné de ses larmes, à ces hommes inpitoyable venus pour l'arracher de ses bras. Quelle horreur !

Le 2 août 1793, à deux heures du matin, nouvelle scène au Temple. De nouveaux commissaires y arrivent pour lire à la veuve *Capet* le décret qui ordonnait sa translation immédiate à la Conciergerie, en attendant qu'on lui fit son procès. La Reine, à moitié vêtue, entourée de sa fille et de sa belle-sœur éveillées en sursaut, écouta cette lecture sans montrer ni étonnement ni douleur, et finissant de s'habiller en quelques minutes, elle fut prête à partir.

Adieu de la Reine à sa fille et à Madame Elisabeth.

Enveloppant sa fille de ses bras et la couvrant de bénédictions et de ses larmes, la Reine lui fit ses derniers adieux ; puis elle mit les mains de sa jeune enfant dans les mains de Madame Elisabeth : « Voilà, lui dit-elle, celle qui va être désormais votre père et votre mére. Obéissez-lui et aimez-la comme si c'était moi-même. » Et ses larmes coulaient. « Et vous, ma bien chère sœur, dit-elle à Madame Elisabeth en se jetant dans ses bras, voilà votre enfant. Je laisse en vous une autre mère à ma pauvre fille ; aimez-la comme vous nous avez aimés, jusqu'au cachot, jusqu'à la mort. » Puis elle sortit à pas lents. Une voiture, où montèrent avec elle les municipaux et qu'escortaient des gardes, la conduisit à la prison de la Conciergerie.

Le local destiné à la Reine à la Conciergerie réclame *mention honorable*. Il consistait en une seule chambre au rez-de-chaussée, basse, étroite, humide, un misérable grabat, une couverture aussi usée que malpropre, une petite table en sapin, un coffre de bois et deux chaises de paille formaient tout l'ameublement de sa prison, et deux gendarmes, le sabre nu à la main, furent placés à sa porte. Voilà quelle fut, pendant *soixante-cinq jours*, la demeure de la Reine de France à la Conciergerie !

Mais Dieu, dont les desseins sont impénétrables, attendait là cette vertueuse et infortunée Reine, pour la consoler, et, par le pain des forts, lui donner l'héroïsme et le courage des martyrs ! Parlons d'abord de sa communion providentielle à la Conciergerie dûment constaté d'après documents authentiques, comme on le verra dans le chapitre suivant, ce fait doit désormais appartenir à l'histoire.

CHAPITRE XVIII.

Communion de la Reine à la Conciergerie. — Circonstances singulières de cette touchante scène. — Preuves pour les intelligences en retard ou encore indécises, et importante déclaration.

Ni le préjugé ni la prévention et moins encore la passion et la mauvaise foi ne conduisent jamais l'esprit humain à la conquête de la vérité. C'est par l'autorité du témoignage, au moyen de sérieuses recherches ou par la voie du raisonnement qu'on y arrive. Hors de là, l'homme s'égare. C'est pourquoi le pieux événement de la communion de Marie-Antoinette pendant sa captivité à la Conciergerie, ayant échappé longtemps à de consciencieuses investigations, s'est trouvé mis en doute, nié, contesté par nos modernes écrivains, et on n'en parlait dans le monde qu'avec une réserve discrète et même dubitative, tout en conservant pour le courageux et modeste ecclésiastique que la voix publique désignait assez généralement pour avoir confessé la Reine dans sa prison, tout le respect dû à son caractère et la considération dont il a joui, et qui lui survit.

Il n'y avait donc là que de la prévention, et comme cette prévention, qui est un diminutif du préjugé, avait pour cause la modestie du silence et l'extrême circonspection du vénérable curé dont il s'agit ici, à ne point se prévaloir d'un acte de dévouement qui honore sa mémoire, et dont il ne consentit à ne dévoiler publiquement le secret que lorsque son honneur attaqué lui en fit un impérieux devoir ; il a donc tout lieu d'espérer que sa solennelle déclaration convaincra les esprits les plus prévenus, que cette communion de la Reine à la Conciergerie est un fait désormais incontestable.

Le premier publiciste qui, évidemment dans un but d'intérêt privé, eut recours à la presse pour nier carrément cette communion de la Reine, et accuser de *faux* son digne confesseur, fut un prêtre apostat que de graves raisons obligèrent de cesser les fonctions du sacerdoce pour se faire littérateur et industriel. Impliqué, comme témoin, dans une affaire litigieuse concernant les frères Michel, banquiers à Paris, cet *industriel* répondit au juge instructeur lui demandant : « Votre état ? — *Jadis prêtre; aujourd'hui, fabricant de bleu de Prusse* (1). » Voilà l'homme, décédé dans l'isolement à Paris en 1849, qui, en 1822, osa attaquer dans leur honneur, M. Magnin, curé de Saint-Germain-l'Auxerrois et mademoiselle Fouché, son introductrice à la Conciergerie, et démentir la communion de Marie-Antoinette, sous prétexte que tous ses gardiens étaient incorruptibles, pénétrés de l'importance de leurs devoirs, et qu'ils auraient été même dans l'impossibilité absolue d'introduire qui que ce fût auprès de la royale prisonnière, et que l'auguste captive dément elle-même cette prétendue cène religieuse, en écrivant à Madame Elisabeth *qu'elle n'a pas de consolation spirituelle à attendre!*

Depuis lors, quelques autres écrivains, admettant l'impossibilité absolue d'arriver jusqu'au cachot de la Reine, et ignorant sans doute que déjà elle avait reçu, dès les pre-

---

(1) *Biogr. génér. de Didot*, t. 28, col. 765.

miers jours d'octobre, les secours et les consolations de la religion, quand, le 16, elle écrivait son immortelle lettre à Madame Elisabeth : *Je n'ai pas de consolation spirituelle à attendre !* n'ont pas craint d'avancer aussi que n'ayant reçu, dans le cours de sa captivité, la visite d'aucun prêtre catholique, et ayant obstinément repoussé le ministère des trois ecclésiastiques assermentés que Gobel, évêque constitutionnel de Paris, lui avait envoyés, Marie-Antoinette avait été privée, dans ses derniers moments, de toute consolation pour se fortifier dans ses dernières heures.

Nous ne sommes nullement étonnés que les écrivains auxquels nous faisons allusion aient tiré ces conséquences. Les approches de la Reine étaient entourées d'obstacles si formidables qu'ils devaient, à moins d'une preuve évidente, parler comme ils l'ont fait. Eh bien ! cette preuve, peu connue jusqu'à ce jour, nous l'offrons aujourd'hui, dans la déclaration suivante. C'est un hommage que nous devons à la vérité et que nous sommes heureux de pouvoir lui rendre. La voici :

CHAPITRE XIX.

Déclaration faite par M. Magnin, curé de la paroisse de Saint-Germain-l'Auxerrois, concernant la communion de la Reine Marie-Antoinette à la Conciergerie (1).

Choisi par le Seigneur, malgré mon indignité, pour porter les secours de la religion à l'infortunée Marie-Antoinette d'Autriche, Reine de France, enfermée dans les prisons de la Conciergerie, je crus devoir me renfermer dans une grande réserve sur un événement que j'ai toujours regardé comme l'œuvre de Dieu. Les desseins de sa miséricorde sur une âme qui lui était chère firent disparaître les difficultés et les obstacles sans nombre que j'avais à vaincre. Je devais lui en laisser toute la gloire et rester dans l'obscurité.

Des circonstances impérieuses, les conseils de plusieurs personnes qui occupent les pre-

(1) Cette déclaration, écrite et signée de la main de M. le curé Magnin, fut présentée, en 1825, à Charles X, à Madame la Dauphine, à Mgr l'archevêque de Paris et à Mgr d'Hermopolis, et elle a été insérée, le 23 juillet 1864, dans le journal *le Monde*. — Le texte original se trouve entre les mains du neveu de M*** Fouché.

miers rangs dans la société, et dont les lumières égalent la droiture des sentiments, me forcent d'en sortir, de rompre le silence et de publier la vérité.

Je vais donc raconter ce fait si intéressant, avec cette simplicité qui seule lui convient. Je dirai à toute la France que dans ces temps de cruelle mémoire où l'auguste souveraine, précipitée du haut d'un des plus beaux trônes du monde, gémissait dans un cachot, le Seigneur lui envoya un de ses ministres pour répandre dans son âme toutes les consolations qu'offre la religion aux malheureux. Je dissiperai les doutes et les préventions qui se sont élevés, et je fixerai l'opinion sur une circonstance mémorable que l'histoire s'empressera de transmettre d'âge en âge à nos derniers neveux, accompagnée de tout ce qui tient aux infortunes de la famille royale. J'entrerai dans des détails qui feront sa consolation, et surtout celle de cette princesse si admirable par ses vertus et par son courage héroïque à supporter les épreuves les plus sévères.

Je lui offrirai la certitude que son auguste

mère, victime de l'injustice et de la méchanceté des hommes, a été soulagée, fortifiée et préparée au dernier sacrifice par ces pieuses et touchantes cérémonies qui lui firent oublier l'ingratitude de ses sujets. Je parlerai pour l'honneur de la religion et de ses ministres, attaqués avec un acharnement impie par des hommes sans principes et sans foi, qui, toujours ennemis du trône et de l'autel, ne sont occupés qu'à tourner en ridicule, à nier ou rejeter tout ce qui peut contribuer à la gloire de Dieu. Mais, avant de commencer ce récit, je dois faire connaître mademoiselle Fouché, ma digne coopératrice dans cette œuvre de la divine Providence.

Appartenant à une famille respectable d'Orléans, mademoiselle Fouché (1), très-recommandable par sa piété, s'était liée, dès le commencement du schisme qui a désolé l'Eglise de France, avec des personnes distinguées par leur naissance et par leurs vertus. Dévouée à la charité, elle visitait dans les pri-

(1) Cette observation devenait nécessaire pour répondre aux indécentes réflexions d'une brochure que je citerai à la fin de cet écrit.

sons les victimes de la révolution, elle procurait des asiles aux royalistes persécutés, et elle facilitait la fuite de ceux qui voulaient échapper à la fureur de leurs persécuteurs.

Des personnages très-marquants ont dû aux services qu'elle leur rendait, leur tranquillité, et ils s'empressaient de lui en donner le témoignage. Soupçonnée de recevoir chez elle des prêtres et des émigrés rentrés en France, elle fut arrêtée, mais la perte passagère de sa liberté ne ralentit point son zèle. En visitant les prisonniers de la Conciergerie, elle fit connaissance avec le sieur Richard, qui en était le concierge. Elle eut le courage, et je l'atteste, d'engager le concierge à lui permettre de l'approcher. Des sollicitations réitérées, faites avec adresse, eurent tout le succès qu'elle désirait. Elle eut le bonheur d'être introduite auprès de la Reine et de lui offrir quelques soulagement à ses pénibles et douloureuses privations. Inspirée par le ciel et assurée du consentement de l'illustre prisonnière, elle sollicita avec instances et obtint la permission de m'introduire avec elle dans le cachot de Sa Majesté.

9.

Je déclare donc qu'avec l'assistance du Très-Haut, j'ai eu le bonheur de confesser deux fois la Reine de France, et de lui porter la sainte communion pendant que Richard était encore concierge de la prison de la Conciergerie.

Je déclare en outre que le sieur Bault, successeur de Richard à la Conciergerie et connu de Mademoiselle Fouché, pendant qu'il était concierge à la Force, céda de même à ses instances : la porte du cachot s'ouvrit pour elle. La présence d'un être si dévoué adoucit de nouveau la situation de la Reine et, par ses soins et ses sollicitations, j'obtins du nouveau gardien le bonheur de me présenter à Sa Majesté.

Le souvenir de ce qui s'était passé, lorsque Louis XVI se trouvait au Temple, dans la même position et les sentiments qui animaient la Reine, me firent lui proposer de lui dire la sainte messe dans le réduit obscur qu'elle occupait, et de lui donner la sainte communion. J'assurai à Sa Majesté qu'il nous serait facile d'apporter tous les objets pour ces augustes cérémonies. Nous avions en effet à notre disposition, dans ces jours affreux, de très-petits calices qui se démontaient, des missels petit in-18, des pierres d'autel portatives, un peu plus longues que le pied d'un petit calice. Tous ces articles se renfermaient dans un sac à ouvrage, et nous pouvions aisément les cacher dans nos poches...

La Reine reconnaissante accepta en nous faisant ses remerciments. Dans le nombre des gendarmes qui étaient employés à la garde particulière du cachot, nous en avons remarqué deux qui, par leur profond respect pour leur souveraine et la franche manifestation de leurs sentiments religieux, nous avaient inspiré entière confiance. Comme ils étaient bien connus du concierge, je ne balançai pas à les prévenir du bonheur dont la Reine allait jouir, et ces Français, aussi bons chrétiens que sujets fidèles, me témoignèrent le désir de participer à ce glorieux avantage.

Le jour de l'œuvre sainte fixé, le concierge vint nous prendre pendant la nuit, dans un lieu indiqué, et nous conduisit dans la prison. J'entendis la confession de la Reine. Mademoiselle Fouché s'était préparée à recevoir son Dieu, et les deux gendarmes m'annoncèrent qu'ils s'y étaient disposés aussi, et qu'ils désiraient ardemment communier dans cette circonstance aussi fortunée qu'inattendue. Nous préparâmes, sans perdre un instant, sur la petite table, tout ce qui était nécessaire.

Je célébrai l'auguste sacrifice de nos autels et je donnai la communion à la Reine qui, en se nourrissant du pain eucharistique, reçut de son Dieu le courage de supporter, sans se plaindre, tous les tourments qui l'attendaient. Mademoiselle Fouché et les deux gendarmes furent admis dans le même moment à ce banquet divin.

L'engagement que j'ai pris d'être succinct dans ma narration ne me permet pas de peindre l'émotion que devait faire naître une scène si touchante ; elle eut lieu dans les premiers jours d'octobre 1793. Tombé malade peu de temps après, ce fut la dernière fois que j'eus l'honneur de voir Sa Majesté. Mademoiselle Fouché, plus heureuse, lui présenta, à ma place, M. Chaudet, prêtre de la Vendée. Cet ecclésiastique communia la Reine dans la nuit du 12 au 13 du même mois, et il sortit ensuite de France pour se réfugier en Angleterre, où, d'après des informations prises par madame la princesse de Chimay, il est mort.

Telle est la déclaration authentique et solennelle que je fais aujourd'hui. Mademoiselle Fouché, que la Providence a daigné conserver, l'a fortifiée par son témoignage irrécusable.

La publicité de ce fait est un devoir que la calomnie m'a mis dans la nécessité de remplir. Les deux concierges sont morts ; les courageux gendarmes, victimes de leur indiscrétion, tombèrent sous la hache du bourreau; Mademoiselle Fouché et moi, nous sommes les deux seuls témoins oculaires qui restent. Je vais ajouter quelques circonstances qui répandront la lumière sur cet événement, qu'on ose traiter de fable, et qui confirmeront la vérité de la communion de la Reine Marie-Antoinette à la Conciergerie.

Quoique nos démarches exigeassent le plus grand secret, plusieurs motifs nous déterminèrent à les confier à quelques personnes sur la discrétion desquelles nous pouvions assurément compter. Plus de trente ans se sont passés depuis, et il reste encore un nombre de personnes plus que suffisant pour attester ce que je viens d'avancer.

Je puis citer la sœur Julie, supérieure des sœurs de charité de Saint-Roch, et la sœur Jeanne, sa compagne. Des dames charitables apportaient chez ces religieuses ce qu'elles avaient recueilli pour adoucir les privations de l'auguste captive. C'est de leurs mains que Mademoiselle Fouché reçut une paire de bas de filoselle grise, fourrés, et une paire de jarretières élastiques. La divine Providence se servit d'un de ces bas et de la conservation des jarretières pour faire reconnaître, en 1815, au cimetière de la Madeleine, les précieux restes de la Reine !

J'invoquerai le témoignage de Mademoiselle Trouvé, rue de Sèvres, vis-à-vis de l'Abbaye-aux-Bois, et qui a été fort connue de la princesse de Chimay. Je citerai M. Blandin, vicaire général d'Orléans, curé de Saint-Paterne, et caché à cette époque dans cette ville. Dans une lettre qu'il m'a écrite dans le courant de décembre dernier il m'a rappelé qu'il nous avait exprimé le désir de partager notre bonheur et nos dangers, et depuis lors, il a répété la même chose à mon premier vicaire.

Quelques autres personnes pieuses ayant eu connaissance de ce qui s'était passé à la Conciergerie en rendirent de très-humbles actions de grâces à Dieu.

Madame la princesse de Chimay, instruite à son retour en France de cet événement prodigieux, en fit part, en 1803, à la princesse de Tarente. Ces deux dames eurent plusieurs entretiens avec nous, et Mme de Tarente, se rendant, l'année suivante, en Russie, passa par *Mittau*, où elle communiqua à S. A. R. Madame la duchesse d'Angoulême, tous les détails de la communion de la Reine, détails qu'elle tenait de nous et d'autres personnes qui déjà les connaissaient.

Sa Majesté Louis XVIII et Mgr de duc d'Angoulême furent, après, instruits de ce consolant événement, et la famille royale, heureuse, bénit la main invisible qui l'avait préparé et conduit.

Lorsque la Providence nous rendit les rejetons de tant de rois, et que nous avions tant désirés, il y avait plus de dix ans qu'ils connaissaient notre dévouement et notre zèle; mais, satisfait d'avoir fait le bien, nous ne nous sommes pas présenté, et nous avons désiré de rester inconnu.

Mme la princesse de Chimay contraria notre détermination. Invité à nous rendre auprès d'elle, ses questions nous ramenèrent sur la scène de la Conciergerie. Elle voulut nous faire répéter ce qu'elle connaissait depuis longtemps. Nous nous rendîmes à son désir; mais nous la suppliâmes instamment de ne point nous nommer dans le récit qu'elle se proposait de faire à Madame la duchesse d'Angoulême, et de ne pas le rendre public.

Étonnée de notre résistance, elle pria M. l'abbé Desjardins, curé des Missions-Étrangères et aujourd'hui 1er vicaire général de l'archevêché de Paris, de me faire une obligation de conscience de me laisser nommer, pour donner plus d'authenticité à ce fait. M. Desjardins a confirmé récemment cette circonstance en présence de Mgr l'archevêque de Paris et d'un grand nombre d'ecclésiastiques et il m'a pressé de la citer moi-même; j'ai dû obéir.

Le 16 octobre 1814, j'eus l'honneur d'être introduit dans le cabinet de Madame la duchesse d'Angoulême, et, sur sa demande, je dus lui rendre compte exact de nos démarches et de tous les secours que nous avions eu le bonheur, Mlle Fouché et moi, d'offrir à son auguste mère, et particulièrement des moyens que Dieu avait mis à notre disposition pour la communier. La princesse écouta ces douloureux détails dans un religieux silence et avec l'expression de la plus vive émotion.

En 1817, madame Bault, veuve de l'ancien concierge de la prison de la Force, puis de la Conciergerie pendant la détention des époux Richard, m'offrit un exemplaire d'un précis historique sur les derniers moments de la Reine, et elle m'écrivit une lettre dont voici un extrait :

Monsieur,

L'écrit que j'ai fait rédiger et que j'ai l'honneur de vous envoyer, sur les derniers moments de la Reine, ne peut être mieux adressé qu'à vous, qui avez eu le courage de pénétrer, à travers mille dangers, dans la prison de cette auguste princesse, pour lui porter les secours de la religion.

Signé v^e BAULT.

L'original de cette lettre, dont la signature a été reconnue par Bault fils, concierge à Sainte-

Pélagie, a été déposé chez M. Champion, notaire, rue de la Monnaie, 19, à Paris.

Si cet exposé ne devait être lu que par des hommes de bonne foi et disposés à se rendre à l'évidence, je m'arrêterais ; mais comme il en est d'autres qui, dirigés par cet esprit dont les principes sont si funestes à la religion, s'attachent à de fausses interprétations pour dénaturer tous les faits qui tendent à la gloire de Dieu, je prolongerai mon récit.

Le silence de la Reine dans sa lettre à Madame Élisabeth, sur sa communion, est un prétexte qu'ils ont saisi pour persuader que j'ai voulu en imposer à toute la France. Je ne me crois pas obligé d'expliquer la pensée de la Reine ; d'autres l'ont fait avant moi, et ont dit tout ce qu'il y avait à dire.

Du reste, la seule considération des dates explique et fait disparaître la seule objection possible, tirée de la lettre de Sa Majesté à Madame Élisabeth. Ce fut dans les premiers jours d'octobre 1793 que M. Magnin dit la sainte messe à la Conciergerie, et dans la nuit du 13 au 14 du même mois que M. l'abbé Chaudet lui donna de nouveau la sainte communion, et ce fut le 16 que, quelques heures avant de monter sur la fatale charrette, la Reine écrivit son immortelle lettre à Madame Elisabeth; alors, en paix avec Dieu, elle pouvait donc dire et écrire, sans blesser la vérité, qu'elle n'avait pas de consolation spirituelle à attendre, puisque déjà elle les avait toutes reçues. La prudence et le désir de mettre à couvert et les prêtres qui l'avaient assistée aussi bien que les personnes qui s'étaient employées à les introduire, suffisaient pour lui suggérer cette réflexion, ou toute autre réflexion semblable. Quoi qu'il en soit, ces faits parlent; mais en voici un encore plus décisif qui ressort de la Reine elle-même et en dit assez pour dévoiler son secret. A six heures et demie du matin, au moment où elle venait de confier sa lettre au concierge avec prière de la faire parvenir à son adresse, M. Girard, prêtre assermenté et ancien curé de Saint-Landry, se présenta à Sa Majesté comme vicaire général de Gobel, évêque constitutionnel de Paris, et lui offrit les services de son ministère, et elle le remercia. « Mais, Madame, ajouta-t-il, que dira-t-on lorsqu'on saura que vous avez refusé les secours de la religion dans ces suprêmes moments ? » La Reine lui répondit : « Vous direz aux personnes qui vous en parleront que la miséricorde de Dieu y a pourvu ! »

M. Girard, revenu de ses erreurs et rentré dans le sein de l'Eglise, n'a pas hésité de raconter lui-même la réponse de Sa Majesté à ses instances, à plusieurs personnes, mais particulièrement à M. de Lagny, curé de la paroisse de Bonne-Nouvelle, qui s'est empressé de me répéter cette anecdote dans plusieurs circonstances, et principalement dans les premiers jours de ce mois (janvier). M. Bertrand de Molleville cite le même fait dans son histoire de la révolution de 1789.

Assurément une commission chargée d'examiner les preuves multipliées et dont cependant nous passons une partie sous silence, et qui toutes constituent la vérité de la communion de la Reine à la Conciergerie, serait forcée de la proclamer à la face de l'univers. Combien alors n'ai-je pas dû être étonné de voir répandre avec profusion une brochure uniquement imaginée pour détruire la vérité d'un fait aussi touchant, et à ravir à la famille royale sa plus douce consolation, après tant et tant de malheurs ?

Mais mon étonnement a dû augmenter encore lorsque j'ai su que cet ouvrage, *la Fausse communion de la Reine*, était le fruit de la singulière imagination de M. l'abbé Lafont d'Aussonne, j'aurais désiré, pour l'honneur du sacerdoce, pouvoir dissimuler, mais le fait est trop public ; il a placé son nom au bas de son œuvre, et il ne veut pas en laisser la gloire à d'autres ; il m'en a écrit lui-même.

Il y a mieux encore; cet écrit a été affiché, à cinq reprises différentes, à la porte de mon église, afin que toute ma paroisse en fût instruite! Il me semble que tout ce que j'ai dit jusqu'à présent pour établir le fait de la communion de la Reine à la Conciergerie suffit pour réfuter le livre qui l'attaque !

Je suis loin de me permettre envers son auteur les grossières épithètes qu'il me distribue si libéralement; mais, comme, grâces à Dieu, il s'est pris dans ses propres filets, il m'est bien permis de dévoiler la honte de ses ressources, afin que ses propres écrits portent entière conviction dans les esprits les plus prévenus.

Tourmenté par la crainte de ne pas surprendre la confiance du public, M. Lafont d'Aussonne essaya de séduire Mme Veuve Bault qui s'était retirée à Charenton. Rendu auprès d'elle, il employa tous les ressorts de son imagination féconde en moyens de cette nature, pour l'engager à détruire, par une protestation, l'œuvre de Dieu à la Conciergerie! Mme Bault, indignée de pareille proposition rejet, sa demande avec fermeté et indignation! Ce refus ne le déconcerta point, et pensant qu'il serait plus heureux auprès de son fils, il lui rendit visite pour le préparer sur la proposition qu'il voulait lui faire, et le lendemain il lui écrivit la lettre suivante :

Lettre de M. Lafont d'Aussonne à M. Bault, concierge de la prison de Sainte-Pélagie.

« Mon cher monsieur Bault,

« Je vous ai raconté le service que me rendit madame votre mère, au mois d'avril 1794, lorsqu'elle dit au fameux Héron, qui m'amenait à la Force pour y être mis en secret : Citoyen Héron, conduisez ailleurs ce pauvre jeune homme ; le scorbut et la peste sont dans nos cachots, il y serait mort dans trois jours. Votre mère s'est rappelé de cette circonstance, il y a peu de jours que je lui ai fait la visite que vous savez à sa maison de campagne, par amitié, par reconnaissance. Je m'intéresse de toute mon âme à sa bonne réputation et à celle de feu son mari, votre père, et dans ma nouvelle édition de mon *Histoire des malheurs et de la mort de la Reine*, je les disculperai, lui et elle, de l'accusation de vénalité que le sieur Magnin a dirigée contre eux dans un écrit répandu avec profusion.

» En attendant, et dans le cas où madame Bault viendrait à mourir de mort subite, ce qui peut nous arriver à tous, je vous engage à lui demander, de ma part, une déclaration formelle et *bien signée portant ces parole* :

« Moi une telle (ses noms de demoiselle), veuve de M. Bault, de son vivant concierge à la prison de la Force, et qui fut investi des mêmes fonctions à la prison de la Conciergerie pendant la captivité de notre auguste Reine, Marie-Antoinette d'Autriche, déclare en mon âme et conscience et atteste en présence de Dieu, que feu mon mari et ma fille aînée, seuls chargés du soin d'approcher et de servir Sa Majesté dans sa prison, entourés de surveillants et de gendarmes, n'ont jamais introduit, et ont été même dans l'impossibilité physique d'introduire qui que ce soit auprès de l'auguste prisonnière. J'atteste et je déclare devant Dieu, mon souverain juge, que jamais il n'a été remis à mon mari et à ma fille ni argent, ni linge, ni effets destinés à la Reine, et lors même qu'ils auraient consenti à s'en charger, lesdits effets n'auraient pu parvenir à leur destination, puisque rien ne parvenait à Sa Majesté que par le greffe du tribunal, inspecté et dirigé par Fouquier-Tinville. En conséquence je déclare faux et calomnieux un écrit imprimé in-18, et que *Lafont-d'Aussonne*, auteur d'un ouvrage sur la mort de la Reine de France, m'a montré comme le tenant de M. l'abbé Magnin, qui l'a signé. Il est dit dans cet imprimé que la *demoiselle Fouché gagna par son argent les surveillants de la princesse et qu'ils l'introduisirent, elle et M. Magnin, plusieurs fois chez la Reine captive.* Feu mon mari était un honnête homme ; jamais il n'a reçu d'argent corrupteur dans l'exercice de ses fonctions ; il n'en a reçu, ni du sieur Magnin, ni de la demoiselle Fouché, ni de personne au monde ; respectueusement attaché à la Reine, il a fait pour elle le peu qu'il lui a été possible de faire, et n'a cherché d'autre récompense que la satisfaction de son cœur et l'accomplissement de son devoir.

» Je termine en déclarant, que ni mon mari, ni ma fille, ni moi n'avons connu la demoiselle Fouché et le sieur Magnin aux époques dont il s'agit ; je n'ai fait leur connaissance que depuis le retour de la famille royale et dans l'intention seulement d'éclaircir leur prétendue entrée à la Conciergerie. »

» *En foi de ce, à Charenton le.... 1822.*

» V° BAULT. »

« Voilà, monsieur, ce qu'il conviendrait que votre mère déclarât formellement. Dans tous les cas j'affirmerai dans mon ouvrage que telle a été sa conversation avec moi.

» Je vous salue affectueusement.

« *Signé* Lafont d'Aussonne. »

Je prie le lecteur de remarquer particulièrement cette phrase : « *Dans tous les cas, j'affirmerai dans mon ouvrage que telle a été sa conversation avec moi!* » phrase lumineuse pour un esprit attentif, et phrase féconde pour M. l'abbé Lafont ; elle n'a point surpris assurément ceux qui ont eu l'avantage de la connaître.

M. Bault fils, fort étonné de se voir chargé d'une pareille mission, se borna à envoyer cette curieuse lettre à sa mère qui, à son tour, couvrit de son mépris une tentative aussi injurieuse à sa délicatesse, et elle s'empressa de remettre entre mes mains la lettre dont il s'agit, en m'exprimant son indignation.

M. Lafont, quoiqu'il ne reçût aucune réponse de cette fameuse lettre du 18 juillet 1822, passée en mes propres mains, s'est montré fidèle à ses menaces. « *Dans tous les cas, j'affirmerai que telle a été sa conversation avec moi !* » Il avait été rejeté avec indignation par madame veuve Bault, et il entend lui faire dire qu'elle a partagé ses sentiments et ses calomnies, et c'est là-dessus qu'il a bâti son indigne roman, qu'il a fabriqué des déclarations imputées à des personnes qui ne les ont jamais vues ni signées, préparé des scènes qui n'ont existé que dans son imagination !

Peu de temps après m'avoir remis cette lettre de Lafont d'Aussonne, Mme Vᵉ Bault m'écrivit, à l'occasion du jour de l'an, le 30 décembre 1822, la lettre que voici :

« Monsieur et vénérable pasteur,

» Agréez, je vous prie, les vœux bien sincères que j'adresse au ciel pour votre tranquillité et votre bonheur le plus parfait ; s'ils sont exaucés, jamais la mauvaise foi et la méchanceté des jaloux ne pourront vous atteindre, ni prévaloir contre vous ; les méchants seront toujours confondus. Je réclame toujours votre bienveillance et votre protection, en vous assurant de tous les sentiments avec lequels je vous prie de me croire, monsieur et digne pasteur, votre très-humble servante.

« Faites agréer, je vous prie, à mademoiselle Fouché les mêmes souhaits heureux que je fais pour elle.

» *Signé*, Vᵉ BAULT. »

Charenton, le 30 décembre 1822.

Je ne fais aucune observation sur ces deux lettres qui offrent un si grand contraste, et dont la première n'a pas produit l'effet qu'en attendait la fourberie de son auteur. Je les soumets, ainsi que le récit qui précède, aux réflexions du lecteur impartial ; il jugera !

J'ai raconté avec simplicité, comme je m'y suis engagé, un des faits les plus consolants, la communion de notre auguste reine à la Conciergerie. Je ne l'ai pas fait aussi brièvement que je l'espérais, à cause des nombreux détails et documents qui se sont présentés sous ma plume. J'en ai même rejeté dans les notes qui me sont parvenues depuis peu et qui sont bien décisifs. J'ai rempli une obligation qui m'était imposée, j'ai rendu témoignage à la vérité, et, quel qu'en soit le résultat, j'aurai toujours le témoignage de ma conscience, et cela me suffit.

Fait à Paris le 26 janvier 1825.

Signé MAGNIN,

Curé de Saint-Germain-l'Auxerrois.

Après tant de preuves sur un fait désormais incontestable, nous n'ajouterons que quelques lignes pour résumer succinctement les notes importantes dont parle M. curé Magnin dans sa déclaration.

En date du 12 janvier 1825, Ledoux de Genet, ancien garde de la porte du Roi et émigré, lui écrivit :

« J'ai la certitude que Ferdinand de la Marche et Prudhomme, les deux ex-gendarmes de service à la Conciergerie, accusés d'avoir laissé entrer un prêtre et une autre personne dans la prison de la Reine, ont été condamnés à mort et exécutés à Paris, Ferdinand de la Marche, de la commune de Brienne, et Prudhomme, de celle de Chavenges, département de l'Aube. Le père du premier ma dit : Mon pauvre Ferdinand et le malheureux Prudhomme ont été guillotinés pour avoir laissé passer une femme et un prêtre non assermenté, qui portait la communion à la reine ; les gueux les ont fait mourir pour cela !... »

« *Signé*, Le Doux de Genet. »

Paris, le 28 janvier.

Le 22 janvier 1823, M. Desportes, président de la Cour royale d'Orléans, écrivit à M. Magnin :

« Pendant ma détention à la Force, aux jours de la terreur, j'ai reçu des marques de sensibilité et d'un vif intérêt de la part de madame Bault et entretenu des relations avec elle, jusqu'à la fin de sa vie. Je lui rédigeai le petit récit historique qu'elle fit paraître en 1817. C'est par elle que j'ai appris l'acte de courage et de piété que vous avez exercé envers l'auguste princesse, dont elle décrit les malheurs, et on veut faire entendre aujourd'hui que, dans des conversations secrètes et confidentielles, elle aurait voulu rétracter la déclaration authentique qu'elle avait consignée dans l'acte le plus important, le plus solennel de sa vie ; il faut le dire, une telle rétractation serait le crime le plus énorme qui pourrait charger sa mémoire et flétrir sa famille : elle en est incapable !

» *Signé* Desportes. »

Orléans, 22 novembre, 1825.

M. Magnin fait remarquer aussi que, Louis XVIII fit placer dans la chapelle expiatoire de la Conciergerie un tableau représentant la scène touchante de la communion de la Reine en ce lieu ; que MM. Bazin et Liveton exécutèrent une magnifique lithographie destinée à conserver le souvenir de cet heureux événement ; qu'elle fut dédiée à Madame la Dauphine et qu'elle souscrivit pour un grand nombre d'exemplaires.

Qu'en 1819 M. Menjand exposa au salon un tableau qui représentait le même sujet, traité d'une manière différente, et que toute la famille royale qui avait lu et relu la lettre de la Reine à madame Élisabeth, le vit avec consolation ; enfin que le Roi daigna lui-même quelques jours après adresser des paroles flatteuses au confesseur de la Reine Marie-Antoinette, et que, jusque-là, personne n'avait réclamé.

Arrivé à la conclusion de cet important chapitre, nous déclarons que notre unique but a été de nous mettre en libre communication avec nos lecteurs, sans avoir la prétention de les endoctriner, mais bien de leur prouver clairement que l'erreur ou le préjugé qui fait nier ou mettre en doute que la Reine de France ait pu recevoir à la Conciergerie les secours de la religion, était uniquement basée sur le manque d'examen, et que la réunion de nos preuves et des témoignages présente sur ce fait une autorité si haute que rien ne seroit croyable, si ce mémorable et pieux événement ne l'était pas.

CHAPITRE XX.

Ouverture du procès de la Reine. — Ses juges. — Ses accusateurs. — Ses réponses. — Son sang froid. — Sa dignité. — Son courage. — Son arrêt, son immolation et ses précieux restes.

Après deux mois d'attente dans son horrible prison, le 13 octobre 1793, le Comité de salut public, voulant presser le jugement de la veuve Capet, chargea Fouquier-Tinville de lui signifier l'acte d'accusation dressé contre elle. La Reine, debout, en écouta la lecture avec la dignité de son rang, avec le calme de l'innocence, comme une formalité de la mort !

Son crime, d'après l'acte d'accusation, était surtout d'être Reine, fille, épouse et mère de Roi et d'avoir en horreur une révolution qui lui arrachait la couronne, son mari, ses enfant et la vie. Elle eût pu répondre à Tinville : « Il ne me reste que le sang qui coule dans mes veines, je m'attends à le répandre pour vous en abreuver, » mais son mâle courage et sa sublime résignation l'engagèrent à garder le silence !

Arrivée devant ses juges, le lendemain 14 octobre, à midi, le tribunal lui nomma, pour la forme, deux défenseurs d'office ; *Tronson du Coudray*, et *Chauveau-Lagarde* ; puis Hermans, qui présidait, lui dit : « Veuve *Capet* vos noms et votre âge ? » Et, sans rien abdiquer de sa dignité, de Reine, la royale accusée répondit : « Je me nomme Marie-Antoinette d'Autriche, veuve de Louis XVI, que vous avez tué ; mon âge est de 37 ans. » Ces formalités remplies, Fouquier-Tinville lut à haute voix l'acte infâme dressé contre elle, odieux écho des pamphlets que la calomnie avait répandus avec profusion contre son innocence.

Après la déposition de chaque témoin, interpellée par Hermans, la Reine répond à toute inculpation avec tant de calme, de sérénité, de présence d'esprit et d'à-propos, que ses deux défenseurs, les yeux remplis de larmes, sont ravis d'admiration, ses juges restent dans la stupeur et ses diffamateurs demeurent écrasés de honte !

Dans l'espoir de tirer le tribunal de pareil embarras, un témoin se présente, c'est le cynique Hébert qui vient apporter contre la Reine le calice de fiel et d'amertume qu'il avait soigneusement préparé dans l'interrogatoire du Temple, auprès de l'enfant Roi que *l'infâme Simon* avait eu soin de faire boire avec excès. Hébert débute par accuser la Reine d'avoir abusé de son ascendant sur la faiblesse de son mari pour armer les puissances étrangères contre la France.

Interpellée, la Reine répond : « Jamais, jamais je n'ai conspiré contre le bonheur de la France ; elle m'a adoptée, et je l'aime comme mon pays ! Jamais, jamais je n'ai méconnu le noble caractère de mon bien-aimé époux que vous avez massacré ! Je n'étais que sa femme, mon devoir comme mon bonheur étaient de me conformer à sa volonté, et je n'ai été que la complice de ses bienfaits depuis mon arrivée en France ! Voilà et les fautes et les crimes dont devant

Dieu je me reconnais coupable ! » Quelle grandeur d'âme ! quelle femme !

Croyant détruire l'effet qu'avait produit sur le tribunal l'énergie et la noblesse d'une pareille réponse, le cynique Hébert se lève et dit : « Citoyens, j'ai contre l'accusée une preuve écrite qui va vous rassurer et la confondre, la voici, et il la lut.

Cette pièce imputait à la Reine d'avoir voulu dépraver son jeune fils, afin d'énerver le corps et l'âme du Dauphin et de régner un jour en son nom, sur les ruines de son intelligence, dont le témoin Hébert n'avait pas eu honte d'extorquer le prétendu aveu à l'ignorance et à la candeur d'un enfant de *sept ans* !

En entendant l'inculpation d'une pareille infamie, la Reine porte sur Hébert un regard qui le fit rougir. L'indignation de l'auditoire déborda contre l'accusateur, et la Reine demeure dans un silence plein de douleur.

Le président interpelle encore l'accusée et lui dit : « Veuve *Capet*, qu'avez vous à répondre ? » Et Sa Majesté continue à garder le silence, en faisant un geste d'horreur, embarrassée de répondre sans souiller ses lèvres !

Mais un juré ayant invité le président à demander à l'accusée pourquoi elle n'avait pas répondu sur le fait important dont avait parlé le témoin Hébert, aussitôt, la Reine, se sentant doublement outragée, foudroie d'un regard accusateur, et témoins et juges. » Si je n'ai point parlé, s'écrie-t-elle, c'est que la nature se refuse à répondre à pareille turpitude adressée à une mère ! J'en appelle à toutes celles qui sont ici ! » Et ces quelques mots jetés à la face du tribunal, avec la majesté de l'honneur, le sentiment de l'innocence et l'indignation de la pudeur, remuèrent tout le prétoire, sans cependant désarmer l'iniquité d'un tribunal, irrévocablement hostile ; aussi, malgré tous ses efforts, la défense ne put arracher la Reine des mains de ces bourreaux qui, d'avance, l'avaient vouée à la mort!

Les débats étant clos, le président résume l'accusation et déclare que le peuple français tout entier déposait contre la veuve *Capet*. Pour la forme, le jury entre en délibération, et rentré peu après dans la salle d'audience, son président déclare en son âme et conscience, en présence de la Reine, que c'est la peine de mort qu'elle a encourue ! Alors, le président du tribunal lui adressant la parole lui dit : « Veuve *Capet*, avez-vous quelque observation à faire contre la peine prononcée contre vous à l'unanimité du jury ? »

La Reine secoue la tête, se lève comme pour marcher vers son immolation. Des frémissements frénétiques se font entendre, et la royale victime, enveloppée de son innocence, toujours calme, se retire accompagnée de gendarmes et descend, sous bonne garde, de la salle du tribunal dans sa prison, pour y attendre l'heure de son martyre.

Le lendemain, 16 octobre 1793, levée à quatre heures et demie du matin, la Reine demanda de l'encre, du papier et une plume, et elle écrivit, sous forme de testament, son immortelle lettre à Madame Elisabeth, pour lui dire le dernier adieu et lui recommander ses deux jeunes enfants qui allaient être, ainsi que déjà nous l'avons dit, doublement orphelins ;

Cette admirable lettre, écrite, lue et relue, elle en baise à plusieurs reprises les pages, les baigne de ses larmes, la ferme et la remet au bienveillant concierge de sa prison, qui avait montré plus d'égards pour elle que n'en avait eu le geôlier du Temple, et lui demande de la faire parvenir à son adresse... Cette admirable lettre, nous la plaçons ici, pour nous conformer au plan que nous avons conçu de raconter les faits suivant l'ordre des temps.

CHAPITRE XXI.

Admirable lettre, que de la Conciergerie, peu d'heures avant de monter sur la fatale charrette, la Reine Marie-Antoinette écrivit à Madame Élisabeth.

« C'est à vous, ma sœur, que j'écris pour la dernière fois ; je viens d'être condamnée, non pas à une mort honteuse, elle ne l'est que pour les criminels, mais à rejoindre votre frère ! Comme lui innocente, j'espère montrer le même courage que lui dans ses derniers moments. Je suis calme comme on l'est quand la conscience ne reproche rien. J'ai un profond regret d'abandonner mes chers enfants ; vous savez que je n'existe que pour eux et pour vous, ma bonne et tendre sœur ; vous qui avez par amitié tout sacrifié pour être avec nous, dans quelle position je vous laisse !

» J'ai appris dans le plaidoyer même du procès que ma fille était séparée de vous. Hélas ! la pauvre enfant ! je n'ose plus lui écrire : elle ne recevrait pas ma lettre ; je ne sais pas même si celle-ci vous parviendra. Recevez pour eux deux ma bénédiction ; j'espère qu'un jour, lorsqu'ils seront plus grands, ils pourront se réunir à vous, et jouir en entier de vos tendres soins.

» Qu'ils pensent tous deux à ce que je n'ai cessé de leur inspirer, que les principes et l'exécution exacte de ses devoirs sont les premiers biens de la vie ; que leur amitié et leur mutuelle confiance en feront le bonheur.

» Que ma fille sente qu'à l'âge qu'elle a, elle doit toujours aider son frère par les conseils que l'expérience qu'elle aura de plus que lui et son amitié pourront lui inspirer !

» Que mon fils, à son tour, rende à sa sœur tous les services et tous les soins que l'amitié peut inspirer ; qu'ils sentent bien que dans quelque position où ils puissent se trouver, ils ne seront véritablement heureux que par leur union ; qu'ils prennent exemple de nous. Combien, dans nos malheurs, votre amitié nous a donné de consolations et de bonheur ! on en jouit doublement quand on le partage avec un ami, et où en trouver de plus tendre que dans sa propre famille ?

» Que mon fils n'oublie jamais les derniers vœux de son père ; je l'en prie expressément : *qu'il ne cherche jamais à venger notre mort !*

» J'ai à vous parler d'une chose bien pénible à mon cœur ! Je sais combien cet enfant doit vous avoir fait de peine ; pardonnez-lui, ma chère sœur, pensez à l'âge qu'il a, et combien il est facile de faire dire à un enfant ce qu'on veut, et même ce qu'il ne comprend pas !

» Un jour viendra où il ne connaîtra que mieux

tout le prix de votre bonté et de votre tendresse pour eux !

» Il me reste à vous confier ma dernière pensée. J'aurais voulu vous écrire dès le commencement du procès ; mais, outre qu'on ne me laissait pas écrire, la marche en a été si rapide, que je n'en aurais réellement pas eu le temps ni les moyens !

» Je meurs dans la religion catholique, dans celle de mes pères, dans celle où j'ai été élevée et que j'ai toujours professée. N'ayant aucune consolation spirituelle à attendre, ne sachant s'il existe encore ici des prêtres catholiques, et même le lieu où je suis les exposant trop, s'ils y entraient même une fois, j'ai demandé pardon à Dieu de toutes les fautes que j'ai pu commettre depuis que j'existe ; j'espère donc que Dieu, dans sa bonté, voudra bien recevoir mes derniers vœux, ainsi que ceux que j'ai faits depuis longtemps pour qu'il daigne recevoir mon âme dans sa miséricorde et sa bonté !

» Je demande pardon à tous ceux que je connais et à vous, ma tendre et bonne sœur, en particulier, de toutes les peines que, sans le vouloir, j'aurai pu leur causer ; je pardonne à tous mes ennemis le mal qu'ils m'ont fait.

» Je dis adieu à mes tantes, à tous mes frères et sœurs. J'avais des amis, l'idée d'en être séparée pour jamais et leurs peines sont un des plus grands regrets que j'emporte en mourant ; qu'ils sachent bien que, jusqu'à mon dernier moment, j'ai pensé à eux !

» Adieu, adieu ! je ne vais plus m'occuper que de mon âme ! comme je ne suis pas libre de mes actions, on m'amènera peut-être un prêtre non catholique ; mais je proteste ici que je ne lui dirai pas un mot, et que je le regarderai comme un être absolument étranger à ma foi... »

« *Signé et écrit de ma main,*

« MARIE-ANTOINETTE. »

De la Conciergerie, 16 *octobre,* 4 *heures* 1/2 *du matin,* 1793.

CHAPITRE XXII.

Signification à la Reine du jour et de l'heure de son immolation.

Le 16 octobre 1793, après avoir reçu notification de l'heure de sa mort et écrit sa dernière lettre à Madame Élisabeth, la Reine se jeta sur son grabat et dormit pendant quelques heures du sommeil de l'innocence. A son réveil, la fille du concierge qui l'aidait habituellement à retourner son matelas et à raccommoder ses chaussures, l'habilla et la coiffa. Elle dépouilla la robe noire qu'elle avait portée depuis la mort de son mari: elle revêtit une robe blanche en signe d'innocence; un fichu blanc couvrait ses épaules, un bonnet blanc sa tête; seulement un ruban noir qui pressait ce bonnet sur ses tempes rappelait son deuil à elle-même, et au peuple un double régicide.

A dix heures, les gendarmes et l'exécuteur des hautes œuvres entrent dans la salle où la royale victime les attendait; elle les vit sans pâlir. « Je suis prête, leur dit-elle; mes cheveux sont coupés, voilà mes mains: liez-les ! » Et elle se leva ; le cortége sortit de la Conciergerie au milieu des cris forcenés : *Place, place à l'Autrichienne! place à la veuve Capet! à bas la tyrannie, vive la république!* Et la Reine, les mains liées, monta avec le bourreau sur la fatale charrette pour se rendre à la place de la Révolution où sa tête allait aussi tomber.

Mais Marie-Antoinette, qui était restée reine dans la prison du Temple, sur le grabat de la Conciergerie et sur la chaise de paille, était reine encore sur la charrette qui la conduisait à l'échafaud à travers deux rangs de l'armée révolutionnaire et au milieu d'une foule immense, dans laquelle bon nombre d'honnêtes gens affaissés sous le poids d'une douleur sans nom, avaient chapeau bas et les yeux pleins de larmes.

Ici, sur le chemin même qui conduit l'auguste victime à la mort, eut lieu la plus touchante anecdote qu'il soit possible d'imaginer et qu'on trouve dans l'ouvrage intitulé : *Souvenirs historiques de la marquise de Créquy*, et avec la seule différence du nom du prêtre.

dans les mémoires qu'a fait imprimer en 1863 l'un des descendants de celui-là même qui consomma le sacrifice de la Reine martyre (1).

Il a été démontré jusqu'à l'évidence que Marie-Antoinette avait reçu des mains d'un prêtre dévoué et fidèle la sainte communion à la Conciergerie cependant, soit qu'on ignorât ce secret, soit que la Reine fût bien aise de recevoir l'absolution en allant au martyre, on avait trouvé moyen de lui faire savoir que l'abbé du Puget, aumônier du Roi, remplacerait le curé Magnin, malade : on lui avait indiqué la rue, le numéro et l'étage de la maison où, sur son passage, se trouverait le prêtre qu'elle connaissait. En effet, arrivée devant cette maison, la Reine éleva les yeux, et, à un signe qu'elle seule pouvait comprendre, ayant reconnu celui qu'elle cherchait, elle baissa le front, se recueillit et pria, et l'abbé laissa tomber sur sa tête une dernière absolution ; alors on remarqua que la Reine fit le signe de la croix sur sa poitrine par trois mouvements de tête, ne pouvant le faire autrement, ayant les mains

---

(1) IVe vol., p. 236.

liées derrière le dos; puis, un soupir de satisfaction souleva sa poitrine, et on vit un léger sourire sur ses lèvres. Son regard détaché de la terre sembla regarder plus haut et plus loin : « Hélas! dit-elle une fois, d'un ton plein de douceur à ceux qui l'insultaient, que je vous plains! mes maux vont bientôt finir, et les vôtres ne font que commencer. » Et on sait si sa prédiction tarda à s'accomplir!

Tandis que la Reine se tenait debout sur la charrette, un fort cahot la fit chanceler; on crut que son énergie faiblissait; alors le curé de Saint-Landry, le prêtre assermenté Richard qui, malgré un formel refus de son ministère, s'était placé derrière la Reine, lui dit: « Citoyenne, il faut vous armer de courage. » Sa Majesté se retourna vers lui, et lui répondit: « Du courage! monsieur, mais il y a longtemps que j'en fais l'apprentissage, et, s'il plaît à Dieu, il n'est pas à croire que j'en manque aujourd'hui! »

A onze heures dix minutes, l'auguste victime arrivée sur le lieu de son immolation, sur la place où le Roi martyr, son époux, avait été égorgé, en face du piédestal de la statue brisée de Louis XV, descend de la charrette et, d'un pied ferme, monte sur l'échafaud, attache un instant ses regards vers les Tuileries avec émotion, tombe à genoux, fait à demi-voix une courte prière, puis, se relevant, elle retourne avec sérénité vers le bourreau, plus tremblant qu'elle, et lui dit : « Dépêchez-vous, il me tarde d'aller rejoindre mon mari ! » Et, inclinant la tête, elle reçut le coup fatal !... Le valet du supplice la prit par les cheveux, cette belle et royale tête, et l'élevant dans sa main droite, il la montra au peuple !

Ainsi finit, comme meurent les martyrs, la fille des Césars, la Reine de France, Marie-Antoinette d'Autriche. Ah ! l'héroïsme de sa mort prouve assurément son innocence et se présente à nos regards comme la palme de la vertu !

La dépouille mortelle de cette infortunée princesse fut directement portée au cimetière de la Madeleine, où ses précieux restes furent inhumés à côté de ceux de son mari, avec les mêmes procédés (c'est-à-dire entre divers lits et couches de chaux et de terre alternativement battus, dans l'espoir de les anéantir, d'en faire disparaître jusqu'aux moindres vestiges et de les ravir à nos respects, et s'il en fut autrement de ces cendres qu'on croyait redoutables, n'en doutons pas, c'est le miracle de la Providence; oui, le même miracle qui nous a conservé le testament du Roi et la lettre de la Reine, a sauvé aussi leurs précieux restes, et les malheurs ainsi que la mémoire de ces deux grandes victimes seront, dans le cours des âges, couverts de respect et de gloire.

CHAPITRE XXIII.

Madame Elisabeth. — Son procès. — Son arrêt de mort. — Son exécution. — Sa prière.

L'immolation du Roi et de la Reine ne suffisait pas à la fureur des factieux, il leur fallait encore d'autres victimes de la royale famille qu'ils auraient voulu anéantir ; ils avaient au Temple, dans la sœur de Louis XVI, une vierge céleste, ornement de son sexe et honneur de la piété, modèle impérissables de l'amour fraternel, âme sublime, dont l'énergie égalait la candeur, aussi pure à la cour que patiente et résignée dans les fers et si digne d'un meilleur sort, si toutefois il en est un plus beau que celui de vivre en ange et de mourir en héroïne ! Elle portait le nom d'Elisabeth ; son heure est venue d'être immolée, parce quelle est la sœur du Roi martyr ! Le 9 mai 1794, elle fut conduite au tribunal révolutionnaire.

L'interroger, la juger, la condamner, fut

l'affaire de quelques heures ! Interpellée par *Deliége* sur ses noms et qualités, elle répondit : « Je me nomme Elisabeth de France, née à Versailles le 3 mai 1764, sœur de Louis XVI que vous avez fait périr sur l'échafaud, et aujourd'hui tante de votre jeune Roi Louis XVII. » Cette réponse si courageuse au moment où elle se trouvait à la merci de ses bourreaux, les étonna, suspendit un instant l'interrogatoire, et ces juges sanguinaires, saisis de stupeur, avouent, par leur silence, que rien dans l'antiquité si vantée n'approche de ce mâle courage. Interpellée de nouveau sur les divers chefs d'accusation qu'on lui impute, elle se borne à répondre : « C'est à Dieu seul que je rendrai compte de mes actes ; j'avais promis au Roi mon frère de ne pas le quitter, j'ai su tenir mon serment, et j'irai comme lui à la mort, j'y suis résignée, non par enthousiasme, mais par devoir, depuis cinq ans ! Faites votre œuvre, et puisse mon sang ne pas retomber sur vous ! » Après ces mots, dits avec tant de vertu et de calme, le tribunal en colère prononce : « Arrêt de mort, et exécution à demain ! »

En effet, le lendemain, 10 mai 1794, Madame Élisabeth reçut sur la place de la Révolution la couronne du martyre ! On avait associé à son supplice vingt-quatre autres victimes, et on eut la cruauté de ne lui arracher la vie, à l'âge de trente ans, qu'après l'avoir rendue témoin de l'exécution de tous ceux qui, le même jour, partagèrent son sort. Sitôt après, les dépouilles mortelles de ces vingt-cinq victimes furent conduites au cimetière de la Madeleine et jetées dans la fosse commune. C'est cette dernière circonstance qui ne permit pas, en janvier 1815, de rechercher aussi les précieux restes de Madame Élisabeth ; mais sa vie, sa mort et sa réputation, au-dessous même de ses éminentes vertus, donnent à espérer que son nom vénéré, après avoir été l'objet de notre admiration et de nos pieux souvenirs, pourra devenir un jour l'objet de notre culte, et qu'il pourra être donné à nos neveux d'implorer la protection de sainte Élisabeth de France !

Ainsi, tout ce qui nous reste de cette angélique victime, c'est l'admirable prière qu'elle avait composée, qu'elle disait tous les jours, que les âmes pieuses ont adoptée depuis, et les mémorables paroles qu'elle adressa au bourreau : « Monsieur, lui dit-elle, je m'aperçois que mon fichu est tombé ! Au nom de Dieu et de la pudeur, daignez couvrir mes épaules et ma poitrine ! »

Prière de Madame Élisabeth.

« Que m'arrivera-t-il aujourd'hui, ô mon Dieu ? je l'ignore ; tout ce que je sais, c'est qu'il ne m'arrivera rien que vous n'ayez prévu de toute éternité ; cela me suffit, ô mon Dieu ! pour être en paix et tranquille ! J'adore vos desseins éternels, je m'y soumets de tout mon cœur ! je veux tout, j'accepte tout, je vous fais un sacrifice de tout ; j'unis ce sacrifice à celui de votre cher fils mon sauveur, vous demandant, par son cœur sacré, et par ses mérites infinis, la patience dans nos maux et la parfaite soumission qui vous est due pour tout ce que vous voulez permettre. Ainsi-soit-il. »

CHAPITRE XXIV.

Légale constatation faite par le grand chancelier de France, de toutes les circonstances qui avaient précédé, accompagné et suivi les inhumations du Roi Louis XVI et de la Reine Marie-Antoinette.

« Le 12 mai 1814, par-devant nous, Henri d'Ambray, chancelier de France, chargé par Sa Majesté personnellement de constater toutes les circonstances qui ont précédé, accompagné et suivi les inhumations du roi Louis XVI et de la reine Marie-Antoinette,

» Ont comparu les témoins ci-après dénommés, que j'ai mandés chez moi sur l'indication qui m'avait été donnée de leurs noms par Sa Majesté elle-même.

» 1° Le sieur Sylvain Renard, ancien premier vicaire de la Madeleine, domicilié rue Caumartin, n° 12, lequel, après serment de dire la vérité, a déposé, indépendamment du rapport qu'il m'avait adressé le 10 du courant, ainsi qu'il suit.

Observation. — Comme la déposition de ce témoin oculaire n'est que la répétition littérale de son rapport du 10 mai 1814, pour ne pas fatiguer nos lecteurs, nous les invitons à relire, au besoin, le chapitre XIV où se trouve cette pièce *importante* !

» 2° Le sieur Antoine Lemaignère, juge de paix du 1er arrondissement de Paris, demeurant rue de la Concorde, n° 8, lequel, après serment de dire la vérité, nous a dit qu'il n'avait pas assisté à l'inhumation du Roi, mais qu'il s'est transporté sur le lieu au moment où le corps de Sa Majesté était déjà couvert d'une forte couche de chaux vive ; que la place, qui aujourd'hui encore est entourée de charmilles dans le jardin du sieur Desclozeau, ancien magistrat, est le lieu où le Roi a été inhumé, et a signé après lecture faite.

LAMAIGNÈRE.

» 3° Le sieur Richard Ève-Vaudremont, greffier du juge de paix du premier arrondissement, auquel il était attaché dans la visite qu'il a faite au cimetière de la Madeleine, au moment qu'on couvrait de chaux vive le corps du Roi, est en état d'attester, comme il l'atteste, que le corps de Sa Majesté avait été placé dans le local qui se trouve aujourd'hui marqué par deux saules-pleureurs, dans le jardin de Desclozeau et, après lecture faite, a signé avec nous.

ÈVE-VAUDREMONT.

» 4° Le sieur Emmanuel Daujon, ancien avocat, demeurant rue d'Anjou, n° 48, lequel, après serment de dire la vérité, nous a dit qu'il avait été, lui aussi, témoin de l'inhumation du Roi Louis XVI et de Sa Majesté la Reine; qu'il les avait vu descendre dans leurs fosses, dans des bières découvertes; qu'ils ont été chargés de chaux et de terres battus; que les deux têtes étaient posées entre les jambes des deux royales victimes; qu'il n'avait pu perdre de vue une place devenue si précieuse et qu'il regardait comme sacrée ; qu'il a vu faire par M. Desclozeau, son beau-père, l'acquisition du cimetière de la Madeleine, dont les murs étaient en assez mauvais état ; qu'il les a fait restaurer et exhausser par plus grande sûreté; que le carré où se trouvent les corps de Leurs Majestés, a été entouré par ses soins de charmilles ; qu'il y a planté quelques arbustes et deux saules-pleureurs, et a signé après lecture faite.

Signé DAUJOU.

« 5° Alexandre baron de Baye, maréchal de camp des armées du Roi, lequel, après serment de dire la vérité, nous a dit qu'il avait vu passer le tombereau couvert conduisant les dépouilles mortelles du Roi Louis XVI au cimetière de la rue d'Anjou ; qu'il n'avait pas eu la force de suivre le funèbre cortége, mais qu'il sait par des témoins oculaires que le corps de Sa Majesté avait été inhumé dans l'endroit décoré depuis par les soins de Desclozeau; qu'il a même connaissance que Desclozeau n'avait jamais voulu vendre ce terrain, ni même l'échanger contre un hôtel sis à Paris, et a signé, après lecture faite.

Baron de BAYE.

Fait et clos à Paris, à l'hôtel de la chancellerie, le 22 mai 1814,

Signé D'AMBRAY, gr. ch.

Certifié conforme par nous, secrétaire général de la grande chancellerie, membre de la Légion d'honneur.

LE PICARD.

(Arch. de l'anc. chamb. des pairs.)

CHAPITRE XXV.

Visite à l'ancien cimetière de la Madeleine-la-Ville-l'Evêque, pour y reconnaître les fosses de Louis XVI et de Marie-Antoinette.

« Le 18 mai 1814, nous soussigné, grand chancelier de France, nous nous sommes transporté, à neuf heures du matin, en la demeure du sieur Desclozeau rue d'Anjou, 48, accompagné de M. le comte de Blacas; nous avons trouvé ledit Desclozeau, et avec lui, le sieur Daujou, son gendre, qui nous ont conduits dans l'ancien cimetière de la Madeleine, acheté par ledit Desclozeau. Parvenus à l'extrémité dudit cimetière, ils nous ont désigné la place où avait été déposé le corps de Sa Majesté Louis XVI, et, quelques pas plus loin, celle où, neuf mois après, avait été déposé le corps de Sa Majesté la Reine.

» La même place a été reconnue par le sieur Renard, ancien premier vicaire de la paroisse de la Madeleine, qui avait assisté à l'inhumation du Roi, et que nous avions mandé pour nous désigner le local où avait été placé le corps de Sa Majesté.

» Cette place et celle où Sa Majesté la Reine avait été inhumée se sont trouvées les mêmes qui nous avaient été précédemment indiquées par nos informations sur la foi du serment, du 12 mai 1814.

» Les lieux de la sépulture du Roi et de la Reine sont marqués par une enceinte près de laquelle sont plantés deux saules-pleureurs et quelques arbustes. Les places indiquées, à peu de distance l'une de l'autre, nous les avons soigneusement marquées sur le terrain ; de tout quoi, nous avons dressé et signé le présent procès-verbal.

« *Fait à Paris à la grande chancellerie le jour et an que dessus à midi.*

« Desclozeaux, Daujou, Renard,

« Le Marquis d'Ambray, grand ch. de France. »

(*Aux arch. de la couronne.*)

CHAPITRE XXVI.

Exhumation de la Reine Marie-Antoinette, le 18 janvier 1815. — Ses précieux résultats.

« Le 18 janvier 1815, nous soussignés Henri Dambray, chancelier de France, commandeur des ordres du Roi, accompagné de M. le comte de Blacas, ministre secrétaire d'État, de M. Le Bailly de Crussol, pair de France ; de monseigneur de la Fare, évêque de Nancy, premier aumônier de Son Altesse Royale la duchesse d'Angoulême, et enfin du docteur Distel, chirugien de Sa Majesté, commissaires nommés avec nous par le Roi pour procéder à la recherche des restes précieux de Leurs Majesté Louis XVI et de la Reine Marie-Antoinette, son auguste épouse, nous nous sommes transportés, à 8 heures du matin, à l'ancien cimetière de la Madeleine, rue d'Anjou St-Honoré, n° 48.

» Entrés dans la maison attenante, à laquelle cet ex-cimetière sert aujourd'hui de jardin, ladite maison occupée par le sieur Desclozeau qui avait acheté précédemment ledit cimetière pour veiller lui-même à la conservation des restes précieux qui s'y trouvaient déposés; nous avons trouvé ledit sieur Desclozeau avec le sieur Daujou, son gendre, plusieurs personnes de sa famille, et l'abbé Renard ancien premier vicaire de la Madeleine, lesquels nous ont conduits dans l'ancien cimetière, et nous ont indiqué de nouveau la place où le sieur Daujou nous avait déjà déclaré qu'il savait et pouvait déclarer que les corps de Leurs Majestés avaient été déposés, ainsi qu'il est constaté par l'information que nous avons faite le 12 mai dernier.

» Ayant ainsi reconnu de nouveau le côté du jardin où nous devions faire les recherches qui nous étaient prescrites, nous avons dû commencer par celles du corps de la Reine, afin d'arriver plus sûrement à découvrir celui de Sa Majesté le Roi Louis XVI, que nous avions lieu de croire plus près du mur du cimetière, du côté de la rue d'Anjou-Saint-Honoré.

« Après avoir fait faire par des ouvriers, du nombre desquels était un témoin de l'inhumation de la Reine, une découverte de terre de 10 pieds de long sur 8 de largeur, et 8 de profondeur, nous avons rencontré un lit de chaux de 10 à 11 pouces d'épaisseur que nous avons fait enlever avec beaucoup de précaution, et sous lequel nous avons trouvé l'empreinte bien distincte d'une bière de 5 pieds 1/2 de longueur,

Ladite empreinte tracée au milieu d'un lit de chaux, et le long de laquelle se trouvaient plusieurs débris de planches encore intacts, nous avons trouvé dans cette bière un grand nombre d'ossements de femme, que nous avons soigneusement recueillis ; il en manquait cependant quelques-uns qui, sans doute, étaient déjà réduits en poussière, mais nous avons trouvé la tête entière, déplacée et plus près de l'autre extrémité du corps ; la position où elle était placée indiquait d'une manière incontestable qu'elle avait été détachée du tronc, nous avons trouvé également quelques débris de vêtements de femme, et notamment deux jarretières élastiques assez bien conservées que nous avons retirées, pour être portées à Sa Majesté, ainsi que deux débris du cercueil.

» Nous avons respectueusement placé le corps dans une boîte que nous avons fait apporter, en attendant le cercueil de plomb que nous avons commandé. Nous avons également mis à part et serré dans une autre boîte la terre et la chaux trouvées avec les ossements et qui doivent être renfermées dans le même cercueil.

« Cette opération terminée, nous avons fait couvrir avec de fortes planches la place où se trouvait l'empreinte de la bière de Sa Majesté la Reine, et nous avons procédé à la recherche des restes de Sa Majesté le Roi Louis XVI.

» Suivant à cet égard les mêmes indications qui nous avaient été données, nous avons fait creuser, entre la place où le corps de la Reine avait été trouvé et le mur du cimetière, sur la rue d'Anjou, une large ouverture de 15 pieds de longueur et jusqu'à 12 de profondeur, sans rien trouver qui nous assurât le lit de chaux indicatif de la sépulture de la Reine ; nous avons par là même reconnu la nécessité de creuser un peu plus bas et toujours dans la même direction ; mais l'approche de la nuit nous a déterminés à suspendre le travail, et à l'ajourner jusqu'au lendemain.

» Nous sommes, en conséquence, sortis du cimetière avec les ouvriers que nous avions amenés ; nous en avons soigneusement fermé la porte, et en avons pris la clef, après avoir retiré les deux caisses susmentionnées que nous avons portées dans le salon du sieur Desclozeau, après les avoir scellées d'un cachet aux armes de France. Lesdites caisses, recouvertes d'un drap mortuaire, ont été entourées de cierges, et plusieurs ecclésiastiques de Sa Majesté sont arrivés pour réciter, pendant la nuit, autour de ces précieux restes les prières de l'Église. Le directeur général de la police, que nous avions mandé, a été chargé de placer des gardes à la porte et autour du cimetière, et nous avons ajourné à demain, de huit à neuf heures du matin, la suite de nos opérations dont nous avons arrêté et signé le présent procès-verbal qui l'a été également par le sieur Desclozeau, propriétaire du terrain, et par le sieur Daujou, son gendre.

» *Fait et clos à Paris, les jour et an que dessus.*

» Renard, ancien premier vicaire de la Madeleine, Bailly de Crussol, L. de Lafare, évêque de Nancy; Blacas d'Aulps, Desclozeau, Daujou, le docteur Distel, d'Ambray, grand chancelier de France. »

(*Aux grandes archives.*)

CHAPITRE XXVII.

Exhumation du Roi Louis XVI. — Ses heureux résultats.

« Le 19 janvier 1815, nous nous sommes de nouveau transportés au cimetière ci-dessus désigné, où nous sommes entrés à huit heures et demie du matin, avec les ouvriers que nous avions mandés pour continuer les travaux commencés.

« Lesdits ouvriers ont ouvert, en notre présence, une tranchée profonde de 9 pieds, un peu au-dessus de la tombe de S. M. la Reine, et plus près du mur, du côté de la rue d'Anjou. Nous avons découvert, à ladite profondeur, quelques terres mêlées de beaucoup de chaux et quelques minces débris de planches, signes indicatifs d'un cercueil de bois. Nous avons fait continuer la fouille avec plus de précaution encore ; mais, au lieu de trouver un lit de chaux pure comme autour du cercueil de la Reine, nous avons reconnu que la terre et la chaux avaient été mêlées à dessein, en telle sorte cependant que la chaux dominait beaucoup dans ce mélange, mais n'avait pas la même consistance que celle trouvée dans nos opérations d'hier.

« C'est au milieu de cette chaux et de cette terre que

nous avons trouvé les ossements d'un corps d'homme, dont plusieurs, entièrement corrodés, étaient près de tomber en poussière. La *tête*, couverte de chaux, se trouvait *placée au milieu des os des jambes*, circonstance qui nous a paru d'autant plus *remarquable* que cette situation était indiquée comme celle de la tête de Louis XVI dans l'enquête faite le 12 mai 1814.

Nous avons recherché soigneusement s'il ne restait aucune trace de vêtements, sans pouvoir en découvrir, sans doute parce que la quantité de chaux étant beaucoup plus considérable avait produit plus d'effet. Nous avons recueilli tous les restes que nous avons pu retrouver dans cet amas confus de terre, de chaux, d'ossements, et nous les avons réunis dans un grand drap préparé à cet effet, ainsi que plusieurs morceaux de chaux encore entiers adhérents aux os.

« Quoique la place où le corps avait été découvert fût bien celle où plusieurs témoins oculaires de l'inhumation du Roi nous avaient déclaré que le corps de Sa Majesté avait été déposé, et que la situation de la tête ne nous laissât aucun doute sur le résultat de notre opération, nous n'avons cependant pas laissé encore de faire creuser à vingt-cinq pieds de distance jusqu'aux douze pieds de terre, pour chercher s'il n'existait pas de lit complet de chaux qui nous indiquât une autre sépulture du Roi; mais cette épreuve surabondante nous a convaincus plus complétement encore que nous étions en possession des restes précieux du Roi Louis XVI.

» Nous les avons renfermés avec respect, scellés d'un cachet aux armes de France. Nous avons ensuite transféré cette caisse dans le même salon où les restes de Sa Majesté la Reine avaient été déposés, afin que les ecclésiastiques déjà rassemblés pussent continuer, autour des deux corps, les prière de l'Église, jusqu'au moment qui sera fixé par le Roi pour les placer dans des cercueils de plomb, et le transport desdits cercueils à l'église royale de Saint-Denis.

» De tout quoi nous avons rédigé et écrit le présent procès-verbal qui a été signé par les mêmes commissaires et témoins que dans notre séance d'hier; et, en outre, par M. le duc de Duras, pair de France, premier gentilhomme de la chambre de Sa Majesté, par M. le marquis de Brézé, grand maître des cérémonies de France, qui ont assisté à nos opérations aujourd'hui, et par M. l'abbé d'Astros, vicaire général de Paris, l'un des administrateurs du diocèse, le siége vacant, qui s'est réuni à nous pour la présente exhumation. »

» *Fait et clos, rue d'Anjou, n° 48, aux heure, jour et an que dessus.*

« BAILLY DE CRUSSOL, L. DE LA FARE, évêque de Nancy, BLACAS D'AULPS, DASTROS, vicaire général, Marquis de BRÉZÉ, duc de DURAS, docteur DISTEL, RENARD, DESCLOZEAU, DAUJOU, D'AMBRAY, grand chancelier de France. »

(*Aux grandes archives de l'État.*)

CHAPITRE XXVIII.

Placement des précieux restes du Roi et de la Reine dans des cercueils de plomb, en présence de hauts personnages. — Inscriptions.

« Le 20 janvier 1815, à deux heures après midi, nous soussignés, suivant les ordres du Roi, nous nous sommes rendus dans la maison du sieur Desclozeau, rue d'Anjou, n° 48, où étant arrivés, nous avons trouvé réunis les mêmes commissaires qui avaient assisté à nos précédentes opérations, et les personnes que le droit de leurs charges ou l'ordre du Roi y avait assemblés pour être présents au placement, dans des cercueils de plomb, des restes précieux de Leurs Majestés Louis XVI et de la reine Marie-Antoinette déposés dans une salle de ladite maison, dans des caisses scellées. Savoir : les commissaires dont les noms suivent : M. le comte de Blacas, grand maître de la garde-robe du Roi, monseigneur de la Fare, évêque de Nancy, M. Le Bailly de Crussol, pair de France, et, en outre, du duc de Duras, pair de France, le Ch. de Crécy, de Noailles, prince de Poix, pair de France, capitaine des gardes du corps de Sa Majesté, ayant été de service auprès de Sa Majesté Louis XVI, jusques et compris le 10 août 1792.

» En présence desquelles personnes nous avons examiné les boîtes dont nous avons reconnu les cachets entiers, et, après les avoir rompus, nous avons procédé à la translation des précieux restes desdites boîtes dans les cercueils de plomb préparés à cet effet.

» Les dépouilles mortelles de Sa Majesté Louis XVI, ont été placées dans un grand cercueil avec plusieurs morceaux de chaux qui avaient été trouvés, et le long desquels paraissaient quelques vestiges de planches d'un cercueil de bois : le cercueil de plomb a ensuite été recouvert et soudé par des plombiers que nous avions mandés, et, sur le couvercle, a été posée une plaque d'argent doré avec cette inscription :

» Là, est le corps de très-haut et très-puissant et très-excellent prince, Louis XVI de nom, par la grâce de Dieu, Roi de France et de Navarre.

» La même opération a été faite, en présence des mêmes personnes, à l'égard des restes de Sa Majesté la reine Marie-Antoinette, et le cercueil qui les contient pareillement reconnu et soudé par les mêmes plombiers, avec cette inscription :

» Ici, est le corps de très-haute, très-puissante et très-excellente princesse Marie-Antoinette, Joséphine, Jeanne de Lorraine, archiduchesse d'Autriche, épouse de très-haut, très-puissant et très-excellent prince Louis XVI, par la grâce de Dieu, Roi de France et de Navarre.

» Les deux cercueils ont ensuite été placés sous le drap mortuaire, en attendant l'époque fixée par le Roi pour le transport à Saint-Denis des deux corps providentiellement retrouvés.

» De tout quoi, nous avons fait et clos le présent procès-verbal, qui a été signé avec nous par les personnes ci-dessus dénommées, ensemble par Desclozeau, propriétaire de la maison, et par Danjou, son gendre, à Paris le jour et an que dessus. »

« Desclozeau, Danjou, Renard, Distel, chirurgien de Sa Majesté, de Noailles, prince de Pois, L. de la Fare, évêque de Nancy, Bailly de Crussol, duc de Duras, Ch. de Crécy, de Blacas d'Aulps, marquis d'Ambray, grand chancelier de France. »

(Archives de la couronne.)

CHAPITRE XXIX.

Quatre ordonnances de Louis XVIII, relatives à la fondation du chapitre royal de Saint-Denis, constitué gardien des tombeaux du Roi et de la Reine ; à la célébration d'un service annuel dans tout le royaume, le 21 janvier ; aux récompenses accordées à M. Desclozeau, ancien propriétaire du cimetière de la Madeleine, et à l'érection d'un monument à élever à la mémoire du Roi Louis XVI et de la Reine Marie-Antoinette.

« Nous Louis, etc., avons ordonné et ordonnons ce qui suit : Il sera élevé un monument funéraire à la mémoire de Louis XVI et de la Reine Marie-Antoinette, et la première pierre en sera posée le 21 janvier 1815.

» Donné aux Tuileries, le 19 janvier 1815.

« *Signé* LOUIS. »

FONDATION DU CHAPITRE ROYALE DE SAINT-DENIS.

« Nous Louis, etc., avons ordonné et ordonnons la fondation à perpétuité d'un chapitre royal à Saint-Denis, en faveur des évêques et prêtres âgés et infirmes qui, après un long apostolat, auront besoin de se reposer de leurs saintes fatigues ; ils remplaceront l'ordre religieux qui veillait aux cendres des Rois. Ces vieillards par leur âge, leur garantie et leurs travaux, deviendront les gardiens naturels de cet asile de la mort et des restes précieux de Louis XVI et de la reine Marie-Antoinette qui y seront prochainement transférés, etc.

» Donné au château de Tuileries, le 19 janvier 1815.

» *Signé* LOUIS. »

RÉCOMPENSE ACCORDÉE A M. DESCLOZEAU.

« Le Roi, voulant récompenser le pieux dévouement de M. Desclozeau qui a conservé à la France les dépouilles mortelles de Leurs Majestés Louis XVI et de la Reine, son auguste épouse, et qui, le rendant acquéreur du terrain où leurs corps avaient été inhumés, a ainsi veillé à la conservation de ce dépôt précieux, lui a accordé le cordon de Saint-Michel et une pension réversible à ses deux filles.

» Paris le 20 janvier 1815.

» BLACAS D'AULPS, ministre de la maison du Roi. »

Déjà, madame la duchesse d'Angoulême avait offert à M. Desclozeau, en témoignage de sa reconnaissance, le portrait de Louis XVI et celui de Marie-Antoinette, ses père et mère, etc., etc.

ORDONNANCE RELATIVE AU 21 JANVIER.

« Le Roi, voulant consacrer par un témoignage public et solennel la douleur que la France n'avait pu jusqu'ici faire éclater, et qu'elle manifeste aujourd'hui d'une manière si touchante au souvenir du plus horrible attentat, a ordonné que, le 21 janvier de chaque année, un service public pour le repos de l'âme de Louis XVI serait célébré dans toutes les églises du royaume ; que la Cour prendrait le deuil ainsi que les autorités civiles et militaires, que les tribunaux vaqueraient et que les théâtres seraient fermés.

» Donné à Paris, le 21 janvier 1815.

« *Le ministre de la maison du Roi,*
« BLACAS D'AULPS. »

(*Extr. du Moniteur.*)

CHAPITRE XXX.

Pose de la première pierre de la chapelle expiatoire.

Le 21 janvier 1815, jour de la translation à Saint-Denis des dépouilles mortelles de Louis XVI et de Marie-Antoinette, son auguste épouse, à huit heures et demie du matin, M. le comte d'Artois, accompagné de Mgr le duc d'Angoulême et de Mgr le duc de Berry, se rendit à l'ancien cimetière de la Madeleine-la-Ville-l'Evêque, et posa, en présence d'un grand nombre de hauts et puissants personnages, sur l'emplacement même où les précieux restes de Leurs Majestés avaient reposé pendant vingt et un ans, la première pierre du monument funéraire à ériger à leur sainte mémoire.

CHAPITRE XXXI.

De la chapelle expiatoire considérée comme monument. — Son auteur, durée des travaux, ce qu'elle a coûté, son plan général, son élévation sur la rue de la Madeleine. — Élévation latérale, son inscription. — Élévation de la chapelle supérieure, son intérieur, ses ornements, sa crypte. — Les merveilleuses statues de Louis XVI et de Marie-Antoinette.

Ce fut sous la direction et sur les dessins de M. Fontaine, architecte du Roi Louis XVIII, M. Lebas inspecteur des travaux, que, le 22 janvier 1815, le lendemain de la pose de la première pierre, des ouvriers commencèrent à creuser les fondations de la chapelle du Roi martyr.... Elle a coûté près de trois millions, qui furent tirés de la *cassette particulière* de Louis XVIII. Madame la duchesse d'Angoulême prit à sa charge l'ameublement, les ornements, les vases sacrés, etc., etc. Ses constructions durèrent 5 ans révolus. — Obligé de s'écarter des programmes suivis dans les siècles passés, pour se conformer aux exigences du nôtre, et rappeler, avant tout, la circonstance particulière qui a fait ériger le monument, M. Fontaine a dû chercher de nouveaux motifs, les coordonner avec des localités qu'il fallait respecter, et qui, plus d'une fois sans doute, ont dû contrarier ses plans et nécessiter leur modification. Honneur lui soit rendu ! Le résultat de ses méditations est une création, une œuvre de génie !...

La nouveauté du plan, le caractère sévère, majestueux, éminemment original des élévations, leur belle proportion, le choix heureux, l'accord parfait des détails avec l'ensemble ; le goût qui a présidé à la composition et à la distribution des ornements, tous emblématiques et aussi ingénieux que significatifs, ont placé la chapelle expiatoire au nombre des chefs-d'œuvre de l'architecture française.

Dans tous les siècles on la considérera comme un modèle de convenance et de haut savoir ; elle fera déplorer que son auteur, au lieu de dépenser son beau talent à terminer plusieurs monuments des siècles passés, et notamment le Louvre, avec une abnégation de lui-même et un respect pour la pensée des premiers architectes qui rehaussent son propre mérite, n'ait eu que deux occasions de léguer à la France deux monuments dignes d'elle, la chapelle du Roi martyr et l'arc de triomphe ~~de la barrière de l'Étoile~~ du Carousel.

PLAN GÉNÉRAL (1).

Au milieu d'un terrain planté de cyprès, qui fut autrefois le cimetière de la Madeleine-la-Ville-l'Évêque, s'élève le monument; il est isolé sur ses côtés par des allées, en arrière par la rue d'Anjou, en avant par une place qui débouchait primitivement sur la rue de l'Arcade et aujourd'hui sur la rue de la Madeleine prolongée.

Une façade lisse, ornée de trois avant-corps, dont celui du milieu donne entrée au monument, et ceux des extrémités le caractérisent, précède l'enceinte sacrée dans laquelle s'élève la chapelle royale.

Après avoir monté six degrés, on pénètre dans un vestibule carré, auquel aboutissent, à droite et à gauche, en retour d'équerre, deux

(1) Voir la gravure à la page 1re.

galeries de tombeaux élevés à la mémoire des victimes de la révolution. Ces galeries se prolongent, l'une jusqu'à la sacristie, l'autre jusqu'au vestiaire, placés aux deux côtés de la chapelle haute et basse.

Revenant au vestibule d'entrée, en montant de nouveau quelques marches, on arrive au sol formé par les terres amoncelées au moment de la fouille de l'ancien cimetière, pour trouver les précieux restes des deux augustes victimes; sol religieusement respecté, et que deux carrés de gazon toujours vert, et entourés de rosiers, indiquent à la vénération publique.

A l'extrémité de ces deux tombes naturelles, séparées l'une de l'autre par un chemin en asphalte, est la chapelle expiatoire; on y monte par une dizaine de marches. Son entrée est par un péristyle de quatre colonnes d'ordre dorique. Ce plan a la forme d'une croix grecque, dont trois des croisillons se terminent en cul-de-four; dans celui qui fait face à la porte est placé l'autel, et dans ceux de droite et de gauche les statues de Louis XVI et de Marie-Antoinette; le quatrième sert de porche, le dernier est de forme quadrangulaire.

Vue de la Crypte (chapelle basse) où furent trouvés, les 18 et 19 Janvier 1815, les précieux restes du Roi et de la Reine — Page 221.

Sur la façade des piédestaux qui portent les groupes du Roi et de la Reine, sont des tables en marbre noir qui offrent, tracés en lettres d'or, ces deux testaments si dignes, par leur sublimité, de passer à la postérité la plus reculée; derrière les piédestaux sont des escaliers qui conduisent à la crypte, et desservent à mi-chemin le vestiaire et la sacristie dont nous avons déjà parlé.

La crypte souterraine est de petite dimension; sa disposition est analogue à celle de la chapelle supérieure. Dans les quatre piliers sont déposés les ossements retirés du cimetière pendant les fouilles. L'autel, dont la forme est celle d'un tombeau antique, occupe précisément le lieu où furent trouvés les corps des illustres martyrs à qui l'édifice est consacré.

ÉLÉVATION SUR LA RUE DE LA MADELEINE.

La façade sur la petite place est d'une simplicité aussi grave que noble. Les deux pierres tumulaires qui la décorent aux deux extrémités, où elles forment des espèces d'avant-corps reliés à celui du milieu par deux murs lisses en retraite, lui donnent un aspect original et tellement caractéristique, qu'au premier coup d'œil on comprend que l'édifice doit être une sépulture royale. Cette façade est peu élevée, afin de laisser briller au-dessus la chapelle expiatoire, qui est l'objet principal, de tout l'éclat que peut procurer l'art allié à la richesse et à la magnificence.

INSCRIPTION.

Au-dessus de la porte, on lit cette inscription : Le Roi Louis XVIII a élevé ce monument pour consacrer le lieu où les dépouilles mortelles du Roi Louis XVI et de la Reine Marie-Antoinette, transférées, le 21 janvier 1815, dans l'église royale de Saint-Denis, ont reposé XXI ans : il a été achevé la deuxième année du règne de Charles X, l'an de grâce 1826.

ÉLÉVATION DE LA CHAPELLE EXPIATOIRE AU-DESSUS DE LA PLATE-FORME

Un péristyle de quatre colonnes d'ordre dorique et surmonté d'une croix en pierre, et les extrémités terminées par des oreillons, précèdent l'entrée du temple ; au milieu du tympan sont représentés deux anges à genoux, dans l'action d'adorer le monogramme du Christ qui est entouré par une couronne de fleurs ; la pureté et la sévérité de ses formes acquiert d'autant plus de valeur que les deux rotondes sur lesquelles il saille sont entièrement lisses.

ÉLÉVATION LATÉRALE.

Cette élévation latérale de l'enceinte extérieure de la chapelle présente une ligne de neuf arcades, appuyée à ses extrémités de deux massifs d'une dimension à peu près semblable. L'un, sans ornements, fait angle avec la façade principale ; l'autre, décoré de deux espèces de tombes qui rappellent celles figurées sur cette même façade, se lie au mur qui tourne autour du chevet de la chapelle même.

Au travers de cette ligne d'arcades à frontons triangulaires, et fermées par une grille à hauteur d'appui, on aperçoit cette autre rangée d'arcades à plein cintre, à jour seulement par le haut, qui borde le côté opposé de la galerie, dite des tombeaux : ainsi nommé de ce qu'entre chacun de ses piliers, est figurée une pierre tumulaire ornée tantôt d'une couronne de chêne, tantôt de feuilles et de têtes de pavots, tantôt de branches de cyprès, pour indiquer que les victimes dont elles doivent perpétuer le souvenir appartiennent à toutes les classes de la société.

Derrière le mur qui lie ces arcades est la terre sacrée. Le jour mystérieux qui pénètre dans ces galeries ajoute à la mélancolie que le spectateur éprouve à la vue de cette continuité de tombes semblables, rappelant toutes une même époque où chaque famille a perdu par la même cause quelqu'un des siens.

Ici, comme dans toutes les autres parties du monument, on admire et la pensée et la manière dont elle est rendue; il n'est pas un accessoire, si peu important qu'il soit, qui ne tende au complément de l'expression de cette pensée; tels sont, entre autres, ces flambeaux placés extérieurement, entre chaque arcade, pour masquer les conduits qui servent à l'écoulement des eaux pluviales. L'architecte a voulu que rien de trivial ne vînt détruire l'impression noble que le monument doit produire.

COUPE SUR LA LONGUEUR.

Par cette coupe on peut se rendre compte des inégalités du terrain et de l'heureux parti que M. Fontaine a su en tirer pour produire cet effet neuf, pittoresque, théâtral peut-être, mais grandiose, mais majestueux, que présente sa composition. Une partie de cet effet extraordinaire, il le doit au jeu de lumière et d'ombre artistement combiné, à l'obscurité dans laquelle il a tenu son vestibule où la lumière ne pénètre que par les portes, à ce clair-obscur répandu dans ses galeries de tombeaux, dont l'effet austère produit sur le visiteur un sentiment irrésistible de tristesse, de piété, de compassion !

Vu de la place, au travers du vestibule, le péristyle du temple brille d'un éclat véritablement magique, surtout lorsque le soleil l'éclaire de ses rayons mobiles, et lui fait projeter ses ombres sur les parties lisses et circulaires des rotondes sur lequelles il se dessine.

INTÉRIEUR DE LA CHAPELLE.

L'intérieur de la chapelle haute est d'une richesse, d'une magnificence vraiment royale. La sculpture d'ornements et de figures, les marbres, les bronzes dorés y rivalisent avec les belles formes architecturales pour en faire une espèce de sanctuaire des arts; des caissons répartis dans la voûte de la coupole, comme dans celle des trois grandes niches, qu'un jour doux éclaire par le haut des rosaces, des vases, des fleurs de lis ornées, distribuées dans les métopes de la frise, un autel en marbre orné de bronze doré, des crédences aux deux côtés de l'autel, ses riches chandeliers, un magnifique tabernacle, des bénitiers en marbre avec ornements en bronze doré, quatorze candélabres également en bronze doré répartis dans des niches creusées sur les parois de l'édifice pour servir aux cérémonies du soir, sont autant d'objets qui témoignent du talent de M. Plantar, sculpteur, de M. de Lafontaine, ciseleur, et, avant tout, de M. Fontaine sur les dessins

Vue Intérieure de la Chapelle expiatoire. — Page 226.

duquel ces productions de l'art ont été exécutées.

Il en est de même des bas-reliefs qui décorent les quatre merveilleux pendentifs de la coupole et celui placé au-dessus du porche intérieur qui tous ajoutent un nouveau titre à la réputation de M. Gérard. Le pendentif *o Salutaris Hostia* représente deux anges couverts de leurs ailes, en adoration devant le Saint-Sacrement. Le pendentif *ecce Agnus Dei*, ce sont encore deux anges saisis de stupeur à la vue du divin Agneau qui s'immole. Le pendentif *hi tres unum sunt* représente deux nouveaux anges prosternés devant les augustes emblèmes de la sainte Trinité. Le pendentif *si vis ad vitam ingredi, serva mandata*, ce sont aussi deux anges à ailes déployées dont l'un sonne le réveil du dernier jour, et l'autre porte en ses mains des couronnes; enfin le bas-relief placé au-dessus du porche intérieur de la chapelle représente la translation des précieux restes de Louis XVI et de la Reine Marie-Antoinette à Saint-Denis; enfin, le groupe par *Bozio*, du Roi martyr appelé à l'immortalité, et celui, par *Corto*, de Marie-Antoinette soutenue par la Religion, sous les traits de madame Elisabeth. Nul visiteur sérieux ne peut s'arrêter devant ces deux merveilleuses statues, que nous plaçons ici en regard, sans émotion, et parfois les yeux se mouillent de larmes. Telle est, en résumé, la chapelle expiatoire de la rue d'Anjou-Saint-Honoré.

Marie-Antoinette soutenue par la Religion sous les traits de Madame Élisabeth. — Page 228.

CHAPITRE XXXII.

Translation solennelle des précieux restes de Louis XVI et Marie-Antoinette aux tombeaux des Rois et leurs obsèques à Saint-Denis, le 21 janvier 1815.

Pendentif de la translation à Saint-Denis.

Le 21 janvier 1815, tous les régiments en garnison à Paris prirent les armes à 7 heures du matin, et, crêpes au bras, bordèrent la voie publique depuis la rue d'Anjou-Saint-Honoré jusqu'à la barrière Saint-Denis.

A 9 heures 1/2, les précieux restes des deux royales victimes de 1793, déposés dans leurs cercueils depuis la veille, furent portés, de leur chapelle ardente, sur un char funèbre, par douze gardes de la Manche de la compagnie écossaise des gardes du corps de Louis XVIII.

Les malheurs de Louis XVI et de Marie-Antoinette firent toute la magnificence de cette pompe funèbre; la modestie convenait au triomphe de tant de douleurs, et la simplicité de la douleur à tant d'infortunes. Le signal du départ donné, le cortège partit pour l'église de l'Apôtre de la France. — Un fort détachement de gendarmerie ouvrit la marche; venait ensuite un escadron des hussards de la garde, ayant en tête son colonel et les trompettes du régiment.

La compagnie des grenadiers et voltigeurs du régiment du Roi et de la Reine, l'infanterie légère de ligne, portant l'arme sous le bras gauche, marchaient en colonnes serrées, colonels et musique en tête.

Le gouverneur de la 1re division militaire avec état-major venaient ensuite, un escadron de la garde nationale de Paris à cheval, général et état-major en tête; puis un escadron des grenadiers de la garde.

Trois carrosses de la cour, à 8 chevaux, pour les principaux officiers des princes; un demi-

Louis XVI soutenu par un ange lui montrant le Ciel où l'attend la couronne du martyre. — Page 228.

escadron de mousquetaires de la 2ᵉ compagnie, et un demi-escadron de la 1ʳᵉ, musique et officiers en tête.

Huit carrosses du Roi, à 8 chevaux, dans lesquels étaient les personnes désignées pour faire partie du cortége, embassadeurs et autres personnages.

Les carrosse de Mgr le duc d'Angoulême et de Mgr le duc de Berry; quatre hérauts d'armes à cheval; le grand maître, le maître et les aides des cérémonies, à cheval; quatre chevau-légers; les capitaines des quatre compagnies rouges, aux petites roues du char.

Le char, six gardes du corps de la Manche à droite, et à gauche, tout auprès du char, trente Cent-Suisses sur les ailes, le capitaine à cheval, à leur tête, le grand écuyer; les capitaines des gardes du corps, leurs officiers derrière eux; un escadron des gardes du corps; derrière eux un demi-escadron de gendarmes de la garde derrière leurs officiers; fermaient la marche des troupes de la maison du Roi; un détachement des gardes du corps; les carrosses du Roi et ceux des princes et princesses de la famille Royale ; un demi-escadron de la garde nationale, et un demi-escadron de dragons. Une batterie d'artillerie de campagne se trouvait à Saint-Denis, où elle attendait le convoi qu'elle avait suivi, en tirant un coup de canon par minute.

Le régiment des chasseurs du Roi bordait la route de Paris à Saint-Denis. Le 12º régiment d'infanterie légère occupait Saint-Denis, avec trois escadrons de hussards et deux batteries d'artillerie.

La garde nationale de Saint-Denis était sous les armes sur la place de l'Abbaye. Toutes les troupes avaient le crêpe au bras ; les tambours et instruments étaient voilés de serge noire ; les drapeaux et étendards avaient des crêpes.

Un recueillement profond et religieux régnait parmi la foule qui s'était portée sur les endroits où devait passer le cortége.

Le cortége, arrivé devant l'abbaye à Saint-Denis, les corps du Roi et de la Reine ont été retirés du char par les gardes de la Manche, portés par eux à l'église, reçus par tout le clergé et présentés à l'évêque d'*Aire* officiant, par l'évêque de Carcassonne, nommé pour remplacer le grand aumônier; ils ont été ensuite placés dans le catafalque élevé au milieu du chœur de l'église.

Les places étaient disposées de la manière suivante: Monsieur, comte d'Artois, Mgr le duc d'Angoulême, Mgr le duc de Berry, princes du grand deuil, Mgr le duc d'Orléans et Mgr le prince de Condé occupaient les premiers stalles hautes, à droite du chœur; S. A. R. Madame la duchesse d'Orléans, Madame la duchesse de Bourbon et Mademoiselle d'Orléans, princesses du grand deuil, occupaient les stalles hautes, vis-à-vis.

Après les princes, étaient deux stalles *vides* et dans les quatre autres stalles, M. le comte Barthélemy, le maréchal duc de Dalmatie, ministre de la guerre, M. Lainé et le maréchal duc de Reggio, ministre d'État, qui avaient été nommés pour porter les quatre coins du poêle au moment où l'on conduirait les cercueils à la tombe.

Dans les stalles hautes, à droite et à gauche, étaient placées des députations de la Cour de cassation, de la Cour des comptes, du conseil de l'Université, de la Cour royale, du corps municipal et du tribunal de première instance.

Le chœur était occupé par les grands et principaux officiers de la maison du Roi et de celle des princes, par les ministres et par les personnes nommées pour être du cortége.

L'empressement général de rendre les derniers devoirs au Roi et à la Reine, et le respect pour leur mémoire avaient attiré à Saint-Denis un très-grand nombre de hauts personnages, des maréchaux de France, des pairs, des députés, des grand-croix de l'ordre de Saint-Louis, des grands cordons de la Légion d'honneur, des lieutenants généraux, des maréchaux de camp, qui tous furent placés dans le chœur.

Sa Majesté, n'ayant pas douté des sentiments qui se sont manifestés, avait ordonné au grand maître des cérémonies de faire réserver des places pour tous ceux qui se présenteraient individuellement.

La gouvernante des enfants de France, les dames du palais de la Reine Marie-Antoinette et les dames de S. A. R. la duchesse d'Angoulême avaient leurs siéges auprès du catafalque.

Les 400 élèves de la maison royale de Saint-Denis étaient placées dans la croisée du chœur, près de l'autel, etc., etc.

Le service a commencé vers midi. Les princes et princesses du grand deuil ont été, selon l'usage, conduits par les officiers des cérémonies à l'offrande. Après le *Dies iræ*, qui a profondément impressionné cette imposante assemblée, Mgr de Boulogne, évêque de Troyes, est monté en chaire et a prononcé la magnifique oraison funèbre que nous sommes heureux d'avoir retrouvée, et qu'assurément le lecteur lira avec grand plaisir. La voici :

CHAPITRE XXXIII.

Oraison funèbre de Louis XVI, prononcée par Mgr De Boulogne, évêque de Troyes.

> *Et dixit David ad Abisai : Ne interficias eum, quis enim extendet manum suam in Christum Domini, et innocens erit ?*
>
> Et David dit à Abisaï : Gardez-vous d'attenter à sa vie; car quel est celui qui portera la main sur l'oint du Seigneur et sera innocent d'un tel crime ?..... (Au 1er livre des Rois, xxvi, 9.)

MONSEIGNEUR (1),

C'est ainsi que David exprimait sa profonde horreur contre celui qui lui donnait le barbare conseil d'immoler Saül à sa vengeance. Saül venait de tomber entre ses mains, bien moins encore par le sort des combats que par un juste châtiment du ciel. C'était un prince que poursuivait la main de Dieu, et qui, non moins obsédé par le trouble de son esprit que par celui de sa conscience, ne pouvait être que le fléau de ses sujets; c'était l'implacable ennemi

(1) Monseigneur frère du Roi.

de David, et sa mort lui ouvrait le chemin du trône. Cependant il est saisi d'effroi à la seule idée du meurtre de ce mauvais prince, parce qu'il est l'oint du Seigneur, et que l'indignité de l'homme ne saurait effacer en lui la consécration et la majesté du monarque, et quand le coup fatal sera porté, on l'entendra faire des vœux que la rosée et la pluie ne tombent plus sur la montagne malheureuse où s'est commis cet attentat.

Mais si telle était la haute idée que David avait de l'auguste dépositaire du suprême pouvoir dans celui même qui en abuse et qui le laisse avilir dans ses mains, qu'aurait-il dit, et de quel surcroît de surprise et d'indignation n'aurait-il pas été pénétré si Saül, comme le prince infortuné objet éternel de nos larmes et de nos regrets, eût été le modèle de toutes les vertus royales, et un de ceux qui ont le plus honoré le trône et l'humanité ? De quelle malédiction n'aurait il pas frappé les sacriléges qui ont porté leurs mains sur l'héritier de tant de rois, plus grands encore et plus illustres que ne le furent autrefois ceux d'Israël et de Judée, et, qui, dans sa personne auguste, ont violé tout à la fois la triple majesté du diadème, du malheur et de la vertu.

Mais que vois-je ? et quel est donc ce nouveau monument qui fixe ici tous les regrets et plus encore tous les cœurs ? Il est donc vrai, et nos yeux ne nous trompent point ; il est donc vrai que nous les possédons ces restes; j'ai presque dit ces reliques précieuses que nous croyions anéanties, de deux époux si dignes l'un de l'autre, plus rapprochés encore par leur tendresse mutuelle que par leur destinée commune, et d'autant plus chers à nos longs souvenirs, qu'ils ont traversé avec une égale circonstance la même mer de tribulations et d'infortunes?

Comment ces dépouilles sacrées ont-elles échappé à ces mains doublement sacriléges qui violaient à la fois et les autels et les tombeaux? Comment les parricides, intéressés à les ravir à nos respects, n'ont-ils pas cherché à faire disparaître jusqu'aux derniers vestiges de ces cendres redoutables? N'en doutons pas, Messieurs, c'est le miracle de la Providence, c'est le même miracle qui a sauvé ce testament; le plus beau titre de la gloire de

Louis XVI, qui a sauvé les dépouilles mortelles du Roi et de la Reine de France, qui a sauvé cette antique et vénérable basilique, le berceau de nos rois et leur dernier asile ; c'est enfin le même miracle qui nous sauvera encore s'il le faut !

Bénie soit donc mille fois la pieuse et courageuse main qui les a recueillis, ces pieux restes ! Quel héritage pour sa famille auguste, et quel objet plus propre à réveiller en nous ces sentiments de tristesse et d'expiation qui conviennent si bien à pareil jour, et au sacrifice divin que nous allons offrir pour la plus grande et la plus auguste victime qui jamais ait été immolée à la fureur des factions et à l'impiété en délire ?

Qu'attendez-vous de moi, Messieurs, dans cette grande et mémorable circonstance ? Ah ! le plus grand de nos orateurs cherchait, dans un sujet à peu près semblable, des lamentations qui égalassent les calamités ; et moi, je ne trouve dans le mien que des calamités qui surpassent toutes les lamentations ! Que ferai-je donc ici ? Ah ! si jamais discours a semblé défier tous les dons de l'éloquence et du langage, n'est-ce donc pas celui-ci ? Et où prendrai-je des couleurs assez vives et des traits assez forts pour vous montrer, dans une même perspective, et le spectacle d'une grande nation s'agitant dans les convulsions de son agonie, et le violent combat de tant de partis nés les uns des autres, et tour à tour abattus les uns par les autres ; et ces terribles ouragans des passions humaines soulevées à une si vaste profondeur, non moins inexplicables et plus à craindre encore que ces tourmentes qui agitent les flots de l'Océan ; et cette grande catastrosphe préparée par des forfaits sans nom, et suivie de malheurs sans exemple ; et ce monarque infortuné, toujours calme au milieu de tous ces éléments de trouble et de discorde et d'injustices, toujours se soutenant par ses seules vertus au milieu de tant de ruines, et mettant le comble à sa gloire en triomphant de la mort, s'il ne peut triompher de ses ennemis, et pour que rien ne manque à un pareil tableau, le trône antique de la France, qui, arraché de ses fondements et s'écroulant avec fracas, ébranle tous les autres, et, par le bruit de sa chute, annonce à l'univers épouvanté qu'un des plus florissants empires de la terre vient de mourir avec son Roi?

Fut-il jamais un plus vaste sujet, plus digne de la majesté de l'histoire, plus fait pour être offert à la méditation du sage et au génie de l'orateur? Ne semble-t-il pas que, pour vous raconter des événements si étranges, il nous faille créer des expressions nouvelles? Mais l'indulgence des princes illustres qui président à ce pieux concours nous rassure ; mais la grandeur même de mon sujet soutiendra ma faiblesse, et la vue de ces cercueils parlera puissamment à vos cœurs, comme vos cœurs vous parleront encore bien plus éloquemment que nos faibles discours. C'est donc dans ce jour funèbre de larmes et de deuil, dans cette grande solennité de la douleur publique, que l'éloquence doit se taire pour faire place au sentiment. Gardons-nous d'en affaiblir l'élan par des mouvements étudiés : c'est au cœur seul qu'il appartient de faire dignement l'éloge d'un saint roi, et celui qui le pleurera davantage l'aura le mieux loué.

C'est donc pour le pleurer, Messieurs, ce

Roi si digne de nos larmes, et pour nous pénétrer plus vivement de l'esprit de cette solennelle et douloureuse cérémonie et de cette amende honorable tout à la fois religieuse et nationale, que nous nous appliquerons à vous montrer que le meilleur des rois en a été le plus malheureux et le plus à plaindre ; et que si jamais homme ne mérite moins la rigueur de son sort, jamais homme aussi ne le supporta avec plus de constance et de grandeur d'âme : ce qui nous offre naturellement le plan de ce discours, où nous montrerons que sa mort a été tout à la fois la plus injuste et la plus héroïque, c'est le tribut de douleur et d'admiration que nous allons offrir à la mémoire de très-haut, très-puissant et très-excellent prince Louis-XVI du nom, Roi de France et de Navarre, et de très-haute, très-puissante et très-excellente princesse Marie-Antoinette-Josèphe-Jeanne de Lorraine, archiduchesse d'Autriche, Reine de France et de Navarre.

PREMIÈRE PARTIE.

Vous me prévenez sans doute, Messieurs, et nul de vous n'a pensé qu'en nous proposant de montrer combien la mort de Louis est de toutes la plus injuste, nous ayons voulu le venger des imputations insensées des factieux, ni vous prouver l'iniquité de cet arrêt inouï qui a indigné l'univers, et qui est bien plus encore la sentence de ceux qui la prononcèrent que de celui qui la subit. Qui est-ce donc qui doute aujourd'hui de son innocence, et qui en a jamais douté ? Quelle est donc la voix qui l'accuse, et quelle est la contrée, quelque lointaine qu'elle soit, où son nom ne soit pas parvenu non-seulement sans tache, mais encore couvert de respect et de gloire ? Sa vertu et ses bienfaits sont les seuls témoins que nous puissions ici appeler, et les seuls défenseurs que nous puissions entendre ; ses vertus dont nous avons abusé, et ses bienfaits que nous avons méconnus ; ses vertus qui le rendaient si digne de notre amour, et ses bienfaits qui le rendaient si digne de notre reconnaissance. Voilà

Messieurs, la seule justification qui nous soit permise, la seule qui soit digne de lui, la seule qui réponde à la majesté de sa cause et à la sainteté de sa mémoire.

En parcourant les pages de l'histoire, on a de la peine à comprendre comment on y voit si souvent des princes vicieux jouir tranquillement des succès de leur ambition, tandis que tant de Rois doués des plus heureuses qualités ont été les victimes des plus noirs attentats ! Le monarque que nous pleurons est un exemple des plus mémorables que les meilleurs princes ne sont pas à l'abri des plus funestes révolutions. Quel Roi fournit jamais moins de prétextes de s'armer contre lui ? Quel fut plus éloigné par la trempe heureuse de son âme et de son caractère de compromettre le repos de ses peuples et d'ébranler leur fidélité ? quel réunit jamais plus de titres pour régner sur les cœurs ? Cependant n'est-ce pas de ces titres mêmes qu'une nation, dans son délire, a si cruellement abusé ? Et qui jamais eut plus de droits que lui de nous dire, comme le père de famille dont parle l'Evangile : *Faut-il donc que votre œil soit mauvais parce que je suis bon?* (Marth., XX, 15.). Infortuné! il devait pardonner tous les crimes, et on ne devait pas même lui pardonner ses vertus!

Et d'abord, je le vois élevé à l'école de la vertu même, à celle de Louis dauphin de France, de ce prince à jamais regrettable, dont la mort prématurée fut le sinistre avant-coureur de tous nos désastres et le premier signal des vengeances divines. C'est ce père, si digne de ce nom, qui lui transmit avec le jour la beauté de son âme, la droiture de son cœur, son amour pour la religion, son goût pour l'étude et pour le travail, la seule passion qu'il aura dans sa vie. Aussi sa jeunesse fut-elle sans orage comme sans erreur ; on n'y trouve aucun écart qui puisse offenser la sagesse, aucun plaisir que ne puisse avouer la vertu, ni aucune faiblesse dont il ait à rougir. Ne vous sera-t-il pas facile après cela de sentir comment, à l'annonce subite qu'il est Roi, une sainte frayeur s'empare de son âme ? Et pourquoi, craignant également et sa jeunesse et sa puissance, mille fois plus frappé des écueils que de l'éclat qui l'environne, il s'écrie dans un sentiment douloureux de son insuffisance : *Je suis roi, et je n'ai que vingt ans!*

Hélas! pressentait-il déjà cette carrière de souffrances et de calamités à laquelle il était destiné, et lisait-il dans l'avenir ce *malheur* de *régner*, terrible et dernière leçon qu'en mourant il devait léguer à son fils? Il n'avait que vingt ans, mais il avait des mœurs pures et une probité sévère, un amour ardent pour la vérité, une aversion insurmontable pour les flatteurs et une passion pour le bien si vive et si sincère, que, pour s'y livrer sans réserve, il ne lui fallait que des hommes dignes de le lui montrer. Que faut-il donc de plus pour être roi? Combien est donc digne du trône celui qui craint tant d'y monter! Combien peu abusera de son pouvoir celui qui en redoute tant l'exercice, et qui, trouvant ses forces si au-dessous de ses devoirs, supplée par ce seul sentiment à tout ce qui lui manque, qui triomphe ainsi de sa jeunesse même et a déjà deviné, en quelque sorte, tout le secret de la royauté? Ah! si la Providence avait alors tiré de ses trésors un de ces hommes d'État qu'elle semble tenir en réserve, et que de loin en loin elle montre à la terre pour régénérer les nations vieillissantes et soutenir les empires sur le penchant de leur ruine, un de ces génies capables de donner l'impulsion à une âme aussi belle et d'encourager ses efforts, un de ces ministres habiles qui eût sondé d'une main ferme les plaies profondes de l'Etat et dompté par son ascendant cette force ennemie qui minait sourdement les anciennes bornes, quel changement cet homme n'eût-il pas mis dans nos destinées!

Mais ce bonheur ne fut pas donné à Louis, et il se vit seul assis sur le bord de l'abîme, seul avec ses vertus et les sentiments généreux de son âme, faibles et impuissantes digues pour lutter contre le torrent qui les renversait toutes. Heureux encore si, trompé par l'opinion publique qu'il aimait trop à consulter, il n'eût admis sur les marches du trône des novateurs aussi faux amis que faux sages, qui, loin de diriger ses pas, les égarèrent; loin de seconder ses intentions, les trahirent; et qui, au lieu de l'aider à conduire au port le vaisseau de l'Etat, le lancèrent à travers les flots où il devait s'engloutir et se perdre.

Cependant l'aurore de son règne n'en fut pas moins prospère, et ses vertus n'en brillèrent pas moins. La nation entière ne pouvait qu'applaudir à cette administration aussi sévère que ses mœurs, et d'où était bannie toute prodigalité, comme tout faste était banni de sa personne; à cette modestie touchante, plus sensible encore au plaisir d'acquérir des connaissances qu'à celui de les montrer; à cette sage économie qui le rendait *capable de toutes les privations* et qui ne lui permettait jamais aucune de ces grandes dépenses *si inutiles,* disait-il, pour le *bonheur;* à cette noble franchise, aussi étrangère aux intrigues qu'incapable de toute dissimulation; à cette politique éclairée, non moins droite que sa concience, non moins ouverte que son caractère, et dont toute l'habileté était la bonne foi; à cet amour inaltérable pour la paix, qui s'accordait si bien avec cette âme douce et calme que ne purent jamais séduire ni l'appât des conquêtes, ni le prestige de la gloire, la plus funeste tentation dont les Rois aient à se défendre; enfin, à cet accord précieux de ses vertus privées et publiques, qui, se soutenant toutes les unes par les autres, nous promettaient un règne heureux, et nous assuraient qu'un tel prince ne manquerait jamais ni à son Dieu, ni à son peuple, ni à la France, ni à lui-même.

Telle était la justice éclatante que d'un bout du royaume à l'autre on aimait à rendre à Louis, avant que les ennemis de l'ordre et de l'autorité eussent perverti l'opinion publique. Mais, à mesure que la corruption gagne, cette justice s'affaiblit, et à ce concert de louanges et d'amour ne tardèrent pas à succéder les haines aveugles et les préventions passionnées. C'est alors que l'ami de la vérité se vit en butte aux courtisans; l'ami des mœurs, aux amateurs de la licence; l'ami de la simplicité, aux amateurs du luxe et des plaisirs; l'ami de la religion, aux impies qui méditaient sa destruction et sa ruine, n'importe à quel prix.

Déplorable fatalité! Comment tant de vertus qui, dans un autre siècle, lui eussent mérité des statues, ne firent-elles que des frondeurs chagrins qui les tournèrent contre lui-même? C'est ainsi qu'on se servit de sa lroiture et de sa candeur pour lui tendre des pièges et pour tromper plus sûrement les vœux les plus purs de son cœur. O mystères des destinées humaines ! et combien cet infortuné prince devient plus cher et plus sacré à notre mémoire, quand on pense qu'il ne doit qu'à ses propres vertus ses malheurs, et que s'il eût été moins digne de porter la couronne, elle eût assurément orné longtemps son front ! Hélas ! il eût fallu se rendre redoutable, et Louis ne cherchait qu'à se faire aimer ; il eût fallu augmenter plutôt les braves légions qui entouraient son trône, et Louis laissa diminuer le nombre de ses défenseurs ; il eût dû enfin prendre plus de confiance en lui-même ; et, trompé par sa modestie, il ne se confiait qu'aux lumières d'autrui. O le meilleur des princes, si méconnu des hommes, fallait-il donc encore que vous fussiez méconnu de vous-même ! Ah ! si vous aviez pu croire que les hommes que vous gouverniez n'étaient pas aussi bons et aussi généreux que vous, si vous aviez voulu montrer autant de vigueur contre l'iniquité que vous aviez du penchant pour le bien ; si vous aviez pu vous convaincre que la sévérité est la dette de la justice en même temps que la justice est la sauvegarde de la bonté, que de larmes n'auriez-vous pas épargnées aux gens de bien, que de crimes aux méchants, que de malheurs à la France et à vous-même !

Reprochons-lui donc, si l'on veut, d'avoir trop tempéré la puissance par la bonté, de s'être plus occupé de ses devoirs que de ses droits, de n'avoir pas peut-être songé assez à ce qu'il devait reconnaître à ses derniers instants dans ses conseils à son fils : *qu'un prince sans autorité ne peut jamais faire le bien qui est dans son cœur ;* d'avoir trop aimé à céder, quand il fallait résister et punir; de s'être montré trop facile pour tous, quand il était si sévère à lui-même; de n'avoir pas opposé à ses ennemis cette même énergie et cette fermeté dont il soutint ses grands revers et ses longues souffrances ; ou plutôt ne lui reprochons rien ; mais demandons-nous à nous-mêmes ce qu'aurait pu faire à sa place tout autre roi pour sauver sa couronne ainsi que son pays; et si, dans cette grande lutte et pareille conjoncture, il ne fallait pas que Dieu permît, pour châtier le France, que ce fût le crime qui prevalût et la vertu qui succombât.

Ah! plaignons-le plutôt de n'être pas né dans un autre siècle, et d'avoir régné dans ce temps d'emportement et de vertige contre lequel ne peuvent rien ni la force des lois, ni la force des armes; plaignons-le de s'être vu dans ces crises terribles et dans ces extrémités désespérées qui trompent toutes les précautions et déconcertent à la fois et la prudence et le courage; plaignons-le de n'avoir pas pu guérir un peuple qui ne voulait pas de guérison et qui, dans sa corruption raisonnée et sa démence systématique, était mécontent de tout et qui ne parlait que de ses droits pour oublier tous ses devoirs et envers son prince et envers Dieu.

Après avoir indignement abusé des vertus de Louis XVI qui le rendaient si digne de notre amour, les factieux méconnaîtront encore ses bienfaits qui le rendaient si digne de notre reconnaissance, et quels bienfaits, Messieurs! Ce sont tous les soins que peut donner un souverain à la prospérité de son empire ce sont tous les sacrifices personnels qu'il compte pour rien dès qu'ils peuvent contribuer au soulagement de son peuple; c'est le généreux abandon de ses droits qui signala son avénement à la couronne; ce sont toutes les branches de l'économie et de l'administration publique réformées à la fois; c'est l'industrie ranimée, le commerce vivifié, l'agriculture encouragée, l'éducation nationale épurée; c'est la législation qui reçoit toutes les améliorations que commandent et l'expérience et le temps; c'est la marine rendue à sa splendeur ancienne, la navigation illustrée par des conquêtes d'un nouveau genre, et les expéditions lointaines où l'ambition n'avait rien à prétendre, mais où l'humanité avait tout à gagner. Sous quel roi les malheureux réclamèrent-ils plus hautement leurs droits, et furent-ils plus favorablement écoutés? Sous quel roi les ateliers de l'industrie et les établissements de la charité publique furent-ils plus surveillés et plus multipliés?

Sous quel roi les sciences et les arts reçurent-ils plus d'encouragements et de récompenses? Les arts et les sciences qui font la splendeur des États, mais qui peuvent aussi en faire la ruine, quand on les préfère à tout, même à la vertu, et qu'on parvient à oublier que rien n'est plus près de la barbarie que l'abus de l'esprit et l'engouement du faux savoir.

Que manquait-il donc à la gloire de nos armes? La seule guerre qui ait été entreprise, fût-elle même une faute dans le principe, n'a-t-elle pas vengé l'honneur national des longues injures d'une puissance rivale? Que manquait-il à notre considération au dehors, n'avions-nous donc pas repris cet ascendant et cette supériorité en Europe que nous avait fait perdre la faiblesse du dernier règne? Que manquait-il enfin à Louis XVI pour rendre ses travaux durables, la France à jamais florissante et son règne immortel, qu'une nation digne de son roi et digne d'elle-même, qui méritât de jouir de tant de bienfaits par ses mœurs et par ses vertus? Mais, piquée au cœur par le poison des nouvelles doctrines, une consomption interne la travaille et doit la conduire prochainement à sa perte; mais Louis ne travaillait pas moins à la prospérité de sa nation, n'en acquérait pas moins de droits à la reconnaissance publique; il n'en montrait pas moins par tout ce qu'il faisait et d'utile et de juste, tout ce qu'il aurait fait encore, améliorer sans détruire ou détruire sans bouleverser, si ses coupables ennemis lui en eussent donné le temps et laissé le pouvoir, et il n'en prouvait pas moins que son âme simple dans ses goûts et pure dans ses affections peut avoir encore de la grandeur dans ses desseins, et de l'élévation dans ses vues et dans ses pensées.

Cependant de quel retour fut-il payé ? Quel témoignage reçut-il des conseillers de son peuple, et quel fruit retira-t-il de tant de libérales concessions, de tant de royales sollicitudes ? O douloureux souvenirs, ô éternel opprobre ! Qui nous expliquera comment tant de bienfaits ne firent que des ingrats, et ne purent jamais désarmer les méchants ? Comment, après avoir accordé à son peuple la liberté qu'il demandait, on ne parlait que d'oppression ! Comment, après avoir détruit dans son empire jusqu'à la moindre trace de servitude, on ne parlait que d'esclavage ! Comment, après avoir mis tous les actes de son autorité à l'abri de toute surprise, on ne parlait que d'actes arbitraires !

Comment, après avoir accordé la tolérance aux cultes dissidents, on ne parlait que d'intolérance et de persécutions ! Comment, après avoir favorisé tous les talents et toutes les sciences, on ne parlait que de mépris pour les lumières et d'indifférence pour le savoir et le vrai mérite !

Que disons-nous, Messieurs ? et quel sera l'étonnement de nos neveux quand ils sauront que du faîte de ses grandeurs il fut précipité dans les tours d'une prison et que l'on réduisit à la gêne et au dénûment le plus affreux celui qui aimait tant le pauvre, qui avait adouci le sort des prisonniers et porté la réforme et la consolation dans tous les asiles du malheur et du crime ; que l'on rendit esclave de ses propres sujets, celui qui avait affranchi jusqu'au dernier de ses sujets ; que l'on tyrannisa dans son culte celui qui avait accordé la liberté des consciences ; que l'on vit condamner, contre toutes les lois, celui qui avait adouci les lois criminelles et soumis à la révision tant de condamnations précipitées et tant de jugements désavoués par la justice ; qu'on le vit enfin diffamé, persécuté par les mêmes écrivains qu'il avait tant favorisés, et qui, pour prix des statues qu'il élevait dans son propre palais aux hommes de génie, minaient son trône sourdement, et furent les premiers à proclamer l'insurrection et à forger ses chaînes !

Ingratitude monstrueuse et déloyauté sans exemple dans les annales du monde ! Quoi donc ! les hommes valent-ils la peine qu'on leur fasse du bien ? et serait-il vrai que le grand art de les gouverner n'est pas peut-être celui de les aimer, mais de les contenir ? Ah ! loin de nous des idées désespérantes ! mais que les rois apprennent du moins qu'un peuple devenu impie est nécessairement un peuple ingrat, qui se dispense d'autant plus aisément de la reconnaissance, que, se croyant en droit de demander compte aux chefs du pouvoir de tout le bien qu'ils ne font pas, il se croit aussi, par une suite nécessaire, quitte envers eux de tout le bien qu'ils lui ont fait, comme de tout celui qu'ils peuvent encore lui faire.

C'est, Messieurs, ce qui mettait le comble aux infortunes de Louis : oui, voir ses intentions calomniées, ses bienfaits méconnus, affligeait profondément cette âme sensible.

Apprendre qu'on lui enlevait l'amour de son peuple qui occupait tout son cœur et toute sa pensée, voilà ce qui faisait le poison mortel de sa vie et la grande amertume qui absorbait toutes les autres. Ah! il me semble le voir ici, ce cœur de roi, se ranimer et palpiter encore au nom de ce peuple qui lui fut si cher, et dont il s'était proclamé solennellement le *premier ami*. Il me semble voir sa poussière se ranimer, se réveiller sous ce drap mortuaire, et nous adresser, du fond de son cercueil, ces tendres et touchants reproches : *O mon peuple! que vous ai-je donc fait? et en quoi vous ai-je été contraire?* Répondez-moi, vous qui fûtes constamment l'objet de mes travaux, *vous, dont on disait que j'étais aimé, quand on voulait me consoler de mes peines*. O mon peuple! car vous avez beau faire, *les Français seront toujours mon peuple* au milieu même de leurs plus grands égarements : répondez-moi, *responde mihi*.

Quelle demande m'avez-vous faite que je ne vous aie pas accordée? quel vœu avez-vous formé pour votre bonheur auquel je n'aie pas souscrit? quelle misère m'avez-vous exposée que je n'aie pas voulu soulager? quel abus m'avez-vous dénoncé que je n'aie pas voulu réformer? quel sacrifice fallait-il s'imposer auquel je ne me sois pas soumis? quel roi a donc fait autant que moi? Et en vingt années n'ai-je pas répandu sur vous les bienfaits de plusieurs siècles? et mes fautes, si j'en ai faites que sont-elles, sinon autant de preuves de mon amour pour vous?

Mais que lui répondre, Messieurs, tandis qu'ici tout nous accuse en même temps que tout le justifie? que lui répondre, tandis que l'évidence dépose contre nous, que le règne des illusions s'est enfin dissipé, que le jour de la vérité nous éclaire tous maintenant, et que son innocence, montée jusqu'au ciel, éclate par toute la terre? Ah ! c'est de la douleur, ce sont des larmes, c'est le silence de la confusion qu'il nous faut pour toute réponse; c'est un saisissement de honte et d'effroi, quand nous pensons que le prix de tant de bienfaits, que la récompense de tant de vertus, que la reconnaissance de tant de sacrifices a été.... un échafaud.

Mais si nous n'avons rien à répondre à l'auteur de tant de bienfaits, n'avons-nous rien à reprocher aux auteurs de tant de désastres? Nous serait-il défendu de leur dire, au nom de tous les vrais Français : Qu'avez-vous fait? répondez-nous, *responde mihi*. Ah! interrogeons donc ici ces mandataires infidèles qui trahirent à la fois et leur Dieu et leur roi et leur patrie; qui, appelés à sauver l'État, furent les premiers à le précipiter dans l'abîme; qui, de représentants, se firent conspirateurs; qui, de sujets, se constituèrent maîtres et de maîtres devinrent tyrans; qui, au nom des propriétés les envahirent; qui, pour violer toutes les lois, se déclarèrent inviolables; qui, par une déloyauté inouïe dans l'histoire des crimes, se firent de leur mission et de leurs serments un droit contre leurs serments mêmes; et qui, par tous ces grands attentats, préparèrent celui qui devait bientôt mettre le comble à tous les autres.

Interrogeons les grands corps de judicature, gardiens nés des antiquités nationales et des maximes héréditaires, qui, atteints de la contagion commune, laissèrent pénétrer dans le sanctuaire des lois l'esprit d'innovation et de système, et, au lieu de se faire la règle de l'opinion du siècle, s'en firent les esclaves ; ces magistrats, qui, rappelés par leur souverain, oublièrent sitôt le respect et la reconnaissance qu'ils lui devaient, eux qui, les premiers, donnèrent le signal de la résistance ; qui les premiers ébranlèrent la fidélité en raisonnant la soumission, et qui, mettant la discussion la plus déloyale à la place de l'autorité, accoutumèrent la nation à voir citer son roi au tribunal de ses propres sujets ; nouveaux *Samsons*, ils voulurent ébranler le temple, et comme lui ils ont été ensevelis sous les ruines.

Interrogeons ces dépositaires de son pouvoir, avides de changements pour parvenir à la célébrité, et de la célébrité à la fortune ; tous ces ministres, ou incapables ou perfides, qui abusaient de sa confiance sous le masque du bien public, et qui, semant des piéges sous ses pas, commettaient le plus grand des crimes envers les peuples, celui de tromper la conscience des rois.

Interrogeons ces flatteurs de la multitude, plus méprisables mille fois que les flatteurs des princes, qui l'égaraient par des promesses fallacieuses, et qui, pour la tromper plus sûrement, armaient ses passions de tous leurs systèmes. Audacieux dominateurs, qui se disaient une puissance, et qui en effet en étaient une, la puissance de la destruction, la puissance de la mort, pour aiguiser le fer des parricides, et creuser le tombeau des nations.

Interrogeons cette nation, auparavant si douce et si sensible, et devenue si emportée et si cruelle ; auparavant si facile à conduire, et et devenue si indisciplinable et si rebelle ; auparavant si idolâtre de ses rois, et devenue si indocile et si ingrate. Demandons-lui par quelle inconcevable légèreté elle a pu passer tout à coup des transports de l'amour aux fureurs de la haine, des adorations aux outrages, et, en abjurant son roi, s'abjurer elle-même pour se soumettre aux vils tyrans qu'elle se donnait.

Et sans parler de nous, Messieurs, que chacun ici sonde sa conscience, voilà les hommes que nous pouvons accuser comme la principale source de nos maux, en attendant que la postérité les juge, et qu'elle venge, en même temps, de leurs ingratitudes, ce prince juste et vertueux, qui, par ses soins constants et son amour inaltérable pour son peuple, aurait sauvé l'État, si l'État pouvait être sauvé, lorsque les temps sont arrivés, lorsqu'une main fatale a tracé son arrêt, et que l'on peut dire de lui, comme de Babylone, *que ses jours sont comptés, qu'il est divisé de lui-même, qu'il a été mis dans la balance, et qu'il a été trouvé trop léger.* Dan., v. 27.

Et maintenant, ô Rois! comprenez, instruisez-vous, juges de la terre; que les grandes et terribles leçons que vous donnent les malheurs de Louis XVI ne soient pas perdues pour vous. Voyez à quoi tient le destin des plus belles couronnes, et la dissolution des empires les mieux affermis; voyez combien fatale est aux Rois l'impiété; voyez jusqu'à quel point l'esprit de sédition et de révolte se confond avec l'esprit d'irréligion et de système et comment se feraient-ils un crime de détrôner les représentants de la Divinité sur la terre, ceux qui n'aspirent à rien moins qu'à détrôner la Divinité même, et qui nous ont donné le spectacle effrayant de l'athéisme assis jusque sur l'autel? Accoutumés à juger Dieu et ses mystères, comment ne se croiraient-ils pas en droit de juger le Roi et ses actions? N'en doutons pas, l'ennemi de Dieu ne peut manquer de devenir l'ennemi de César, et il est écrit que l'impie qui méconnaît et abjure son Dieu, méconnaît et abjure également son Roi; *maledicet regi suo et Deo suo.* Isaïe, VIII. 21.

Et vous, peuples aussi, instruisez-vous à votre tour, à force de malheurs; voyez tout ce que coûtent les victoires que l'on remporte sur son Roi ; voyez dans quel abîme de misère et de dégradation un peuple peut descendre, lorsque ses passions effrénées l'entraînent; voyez combien sont amers les fruits d'une aveugle indépendance et de ces droits trompeurs dont vos conseils berçaient votre crédulité. Apprenez que vous avez le droit d'être heureux, et non celui de vous nuire; le droit d'être gouvernés par la justice, et non celui de vous la faire; le droit de n'obéir qu'aux lois, et non celui d'en être les arbitres : qu'ainsi le veut l'ordre éternel, contre lequel vous ne sauriez vous élever sans vous punir vous-mêmes, et sans attirer sur vous ce déluge de calamités que rien n'a égalé que le déluge de vos crimes.

Apprenez enfin que les Français ne sont forts que de leur Roi, que si sa puissance est dans notre amour, notre vraie liberté est dans sa puissance ; que nous ne pouvons rien lui ôter, sans nous l'ôter à nous-mêmes, et qu'ici la grandeur d'un seul est la grandeur et la sauvegarde du bien-être de tous.

Mais la gloire de Louis est à peine ébauchée, et de plus grands objets encore nous appellent... Nous vous avons montré, Messieurs, par toutes les vertus de sa vie, l'injustice de sa mort ; il nous faut encore vous en découvrir toute la sublimité et l'héroïsme...

SECONDE PARTIE.

Un des plus beaux génies de l'antiquité a eu une idée véritablement grande, quand il a dit que la plus glorieuse destinée que Dieu pût réserver à un mortel, c'est qu'il mourût pour la justice, et que, pour prix de sa vertu, il succombât sous le fer des méchants. Les premiers défenseurs de la foi ont trouvé cette pensée si belle et tout à la fois si chrétienne, qu'ils n'ont pas hésité d'en faire l'application à la mort du Sauveur du monde, pour prouver qu'à ne prendre les choses qu'humainement parlant, la mort de l'Homme-Dieu avec tous ses opprobres, bien loin de nuire à sa gloire, n'avait fait qu'y mettre le comble. Nous ne pouvons qu'applaudir à cette application; mais sera-t-elle donc moins naturellement appropriée à la mort du juste que nous pleurons, et nous paraîtra-t-elle moins touchante, lorsque nous penserons que ce juste est un roi, que ce roi est immolé par ses propres sujets, qu'il est victime de ses bienfaits mêmes, et qu'il surpasse encore, par le courage avec lequel il soutient sa mort, la criminelle ingratitude de ceux qui l'ont ordonnée? mort véritablement héroïque, soit qu'on la considère et dans les sacrifices qui l'ont devancée et dans les sentiments qui l'ont accompagnée, de sorte que, bien loin de porter la moindre atteinte au respect que nous devons à sa mémoire, elle la rend encore plus sacrée et plus vénérable, et fait du dernier terme de ses infortunes le plus beau titre de sa gloire et de son triomphe.

Je dis, Messieurs, héroïque par les sacrifices qui la préparent. Depuis des années Louis la voyait en face, il la voyait s'avancer chaque jour par degrés; il la lisait sur le front de tous les conjurés ; il les entendait s'écrier qu'il est *expédient* qu'un homme meure pour que toute la nation ne périsse pas. Il voyait plus d'un perfide s'avancer pour le trahir et trafiquer non de ses vêtements mais de ses jours. De toutes parts lui arrivaient les plus sinistres avertissements que confirmaient les plus sanglants outrages dont à chaque moment il était abreuvé, et il ne pouvait plus se dissimuler le sort qui l'attendait. Mais quelles étaient alors ses inquiétudes et ses craintes et de quels soins s'occupait-il? Hélas ! toujours prêt à s'offrir en holocauste pour son peuple et à se sacrifier, comme Jonas, pour apaiser la tempête, s'il prend des précautions, c'est bien plus pour les autres que pour lui-même, et s'il s'inquiète, c'est bien moins des dangers qui menacent sa vie que des malheurs qui vont tomber sur sa nation. Ce n'est point ici une simple résignation à sa cruelle destinée, c'est la disposition habituelle d'une âme magnanime à laquelle il n'en coûte pas plus de faire le sacrifice de sa vie, s'il le croit nécessaire au bonheur de ses sujets, qu'il ne lui en coûte de faire le sacrifice de son autorité royale et des plus beaux droits de sa couronne, dès qu'il pense éviter par là de plus violentes commotions et prévenir les horreurs d'une guerre intestine.

S'il tente une seule fois de s'arracher par la fuite aux horreurs de sa situation, c'est bien plus pour délivrer la France de ses oppresseurs que pour se délivrer lui-même de ses ennemis, et, en se dérobant à leurs fureurs, les empêcher de devenir encore plus coupables ; digne peut-être alors d'une plus vive admiration, quand il veut épargner à ses sujets le déshonneur d'un grand crime que quand il poussera l'héroïsme et la grandeur d'âme jusqu'à leur pardonner le crime même.

C'est toujours, Messieurs, dans cet esprit d'immolation et d'un entier oubli de lui-même qu'on le verra songer à la sûreté des autres bien plus encore qu'à la sienne propre.

Combien de fois des serviteurs, non moins courageux que fidèles, voulurent, à l'exemple de Pierre, tirer l'épée pour le défendre, et combien de fois ne leur dit-il pas de la remettre dans le fourreau, ne voulant pas, suivant ses propres expressions, *qu'il fût répandu une seule goutte de sang, dût-elle même lui conserver et son trône et sa vie.*

O noble et touchante illusion de sa belle âme! s'il n'était pas responsable de sa propre défense à sa nation et à son siècle et à sa postérité; comme si ses successeurs n'avaient pas droit au trône dont il était l'héritier, et que sa vie ne fût pas la vie de tous! C'est encore par ce généreux dévouement que, dans la plus critique des circonstances, on l'entend dire *qu'il ne veut pas faire verser le sang des Français pour sa querelle.* Non, cette généreuse erreur ne pouvait germer que dans un cœur aussi grand que le sien; comme si sa querelle n'était pas celle des Français, la querelle de son peuple et de l'ordre public, la querelle de la religion sur laquelle est appuyé son trône; disons tout, la querelle de Dieu même, qui lui a mis le glaive à la main pour exterminer les rebelles, et pour venger les lois en se vengeant lui-même.

Que dirons-nous, Messieurs, de ce refus

qu'il fait de plaider lui-même sa cause devant ses juges, *de peur,* dit-il, *de les émouvoir et d'avoir trop raison contre ses adversaires?* N'est-il pas mille fois supérieur ici à ce Socrate tant vanté qui ne voulait faire de sa mort qu'un spectacle, et qui mit tant d'art à émouvoir ses juges et à confondre ses adversaires? Que dirons-nous encore de l'ordre qu'il donne à l'orateur aussi éloquent qu'intrépide qui s'était chargé de sa défense, d'en supprimer tout ce qui serait trop pathétique, *parce qu'il ne veut pas les attendrir?* Sublime abandon de soi-même, et abnégation surhumaine, dont on chercherait en vain la moindre trace chez tous les sages de l'antiquité, et qui fait de Louis un héros d'une espèce unique, dont on ne trouve aucun exemple dans les annales de la vertu.

Mais nous, Messieurs, ne serions-nous donc pas émus et attendris, en voyant ce prince refuser jusqu'aux larmes de ses ennemis, comme pour leur apprendre qu'ils sont à plaindre encore plus que lui, et que si quelqu'un est ici digne de compassion et de pitié, c'est le peuple en délire qui ne se connaît pas lui-même, qui court aveuglément au-devant de sa perte, et qui, encore plus coupable que l'infidèle Jérusalem, immole à la fois et ses prophètes et ses rois? Quel spectacle vraiment attendrissant, où Louis se montre d'autant plus digne d'admiration, qu'il cherche plus à la fuir; d'autant plus digne de nos larmes, qu'il ne veut pas que nous pleurions sur lui, et où toujours plus grand que lui-même, il apprend ainsi à l'univers que, s'il est glorieux d'occuper un trône avec sagesse, il l'est encore davantage de le perdre sans regret et d'en descendre avec tant de grandeur!.....

Ah! son vœu magnanime ne sera que trop exaucé, et ses juges barbares ne seront point attendris; mais sa mort en deviendra plus héroïque, puisqu'elle aura toute la gloire et le mérite d'un sacrifice volontaire; mais son amour pour ses sujets en éclatera davantage, et il n'en prouvera que mieux à tous les siècles à venir que, comme un autre Eléazar, il s'est immolé pour ses frères, et qu'il est digne, toutes proportions gardées, qu'on dise de lui, ainsi que du Sauveur du monde, qu'il s'est offert parce qu'il l'a voulu; *oblatus est quia ipse voluit.* Isaïe, LIII, 7.

Le dirons-nous cependant, Messieurs? c'est cet héroïque esprit de résignation et d'abandon de sa propre vie, pour épargner celle des autres, qui ne fut point apprécié par certains esprits, lesquels n'y voyaient qu'un penchant à la faiblesse, un tribut payé à la crainte, ou, tout au plus, que le courage de souffrir; mais combien grande fut leur erreur! combien injuste leur censure! Et où donc est la force d'âme, si ce n'en est pas une, d'aller au-devant de la mort, quand on la juge nécessaire au bonheur de son peuple? Et où sont donc les occasions où Louis ne se soit pas montré supérieur à toutes les craintes comme à tous les dangers? Qui pourrait oublier ces jours d'ivresse et deffervescence populaire, où, sans autres armes que sa vertu et sa mâle intrépidité, il fit, seul contre tous, pâlir les factieux, et leur apprit qu'il existe une majesté inaccessible aux coups du sort et aux atteintes des méchants? Quoi donc? Fut-il faible dans cette nuit de deuil et de carnage, où, assiégé dans son propre palais par des hommes altérés du sang de son auguste compagne et de ses gardes les plus fidèles, il sut faire avorter, par sa noble assurance et par sa fermeté stoïque, tous leurs affreux desseins ?

Fut-il faible dans cette journée plus affreuse encore du 20 juin, où se méditaient les plus grands attentats, et où, parmi les cris de rage et le fracas du canon, il sut montrer que *l'homme de bien qui a une conscience pure ne tremble jamais?*... Fut-il faible quand, traîné dans sa capitale, escorté de furies qui menaçaient ses jours, et à travers les flots amoncelés d'une multitude effrénée, il y parut avec autant de calme et de sérénité que lorsqu'il y venait dans tous l'éclat de sa grandeur, au milieu des transports de l'amour et des cris d'allégresse ?

Ah ! ce n'est point au soldat, dont la valeur impétueuse affronte les hasards dans la chaleur du combat et dans le fort de la mêlée, qu'appartient la gloire du vrai courage : c'est à celui qui, toujours maître de lui-même parmi les plus indignes traitements qu'un mortel ait jamais éprouvés, se montre encore plus intrépide que le crime n'est hardi et audacieux ; qui voit les poignards des assassins levés sur sa tête, et n'en est point intimidé, et qui, connaissant les desseins homicides de ses ennemis, ne prend contre eux aucune sûreté, parce qu'il est prêt à tout, comme il ne s'étonne de rien. Voilà le brave par excellence; voilà le héros qui est plus fort que celui qui prend des villes : et tel fut Louis dans ces terribles circonstances, où jamais ni l'homme, ni le roi, ne s'oublièrent un instant.

Hélas ! tant d'héroïsme et de courage sera perdu et pour lui-même et pour les autres; il ne sauvera pas plus son peuple de ses malheurs que son trône de sa ruine : mais il ne sera pas perdu pour sa gloire, il ne le sera pas pour la postérité. Oui, elle admirera le monarque qui sut s'élever autant au-dessus de lui-même que ses ennemis descendront plus bas; qui, par la force de son âme, honorait l'humanité, dans le temps que l'humanité se dégradait tant elle-même; qui soutenait encore la grandeur de la nation dont il était le chef, dans le temps que cette belle nation souillait sa gloire et flétrissait sa haute renommée, et qui, toujours digne du trône et de son noble sang, conservait encore à lui seul l'honneur du nom français, la splendeur de sa race et la gloire de quatorze siècles.

Mais il faut arriver à l'endroit le plus pénible et le plus douloureux de mon discours, et vous parler de cette mort qui va nous révéler tout le secret de sa vie, et qui vaut à elle seule la plus belle vie. Déjà l'heure des méchants est arrivée. La synagogue des conjurés s'ébranle, et d'abord divisés entre eux, ils se sont enfin donné la main pour perdre le juste. Les prêtres de Baal ont déchiré leurs vêtements, ils s'apprêtent à déchirer leur proie et à immoler leur victime. Les scribes et les Pharisiens du sénat impie ont ourdi contre lui leur sacrilége complot, ces Pharisiens qui ont toujours l'humanité et la liberté sur la bouche, et l'enfer dans le cœur; et ces scribes atroces qui n'écrivirent qu'avec du sang leurs lois et leurs décrets. Une populace égarée, comme autrefois dans l'infidèle Jérusalem, pousse des cris furieux, et proclame que l'innocent est digne de mort.

Déjà il est dressé, ce sanguinaire tribunal, où siégent à la fois les juges, les accusateurs et les bourreaux, lesquels, foulant aux pieds toutes les lois et toutes les formes protectrices de l'innocence, prennent ici leur rébellion pour leur autorité, leurs calomnies pour des preuves, et leurs factions pour des jugements. Il est interrogé, celui qui ne pouvait l'être que par le Dieu qui juge, dit l'Ecriture, au milieu des dieux, et par une audace inouïe dans l'histoire de la perversité, ils lui reprochent et ses propres bienfaits, et leurs propres crimes et jusqu'au sang qu'ils vont verser eux-mêmes. Mais telle est sa noble sécurité, tel est le calme et la sagesse de ses réponses, que celui qui préside à cette œuvre d'iniquité ne peut se défendre lui-même d'un sentiment d'admiration et de surprise. Déjà est portée la fatale sentence, et ici, ce n'est pas celui auquel on la prononce qui tremble et qui frémit, c'est celui qui l'annonce et qui la signifie.

Déjà les éternels adieux sont dits, les derniers sacrifices sont faits, tous les cœurs de l'auguste famille se sont déchirés dans leur séparation : Louis s'est arraché des doux embrassements des compagnes chéries qui allégeaient le poids de sa captivité, et qui n'auront pas même la triste consolation de mourir avec lui. Le voilà seul avec lui-même, ou plutôt seul avec Dieu.

Oh! combien, dans ce moment suprême, ce Dieu lui devient nécessaire!

Combien il *sent tout le bonheur d'avoir*, comme il le dit dans son testament, *conservé ses principes*, et de n'avoir jamais douté des dogmes sacrés de sa foi! combien il s'applaudit d'avoir toujours fermé l'oreille aux suggestions perfides de cette triste philosophie qui n'aurait eu à lui offrir, dans ces affreux instants, que le vide de ses maximes et la vaine promesse de son néant! combien il sent tout le besoin de cette religion sublime, qui ne se plaît jamais plus à consoler les malheureux que quand tous les appuis humains leur manquent à la fois!

Elle lui envoie son ministre ou son ange réconciliateur, qui vient lui apporter les bénédictions du ciel et les paroles du salut. Qui pourra nous dire cette scène de piété et d'attendrissements? qui pourra nous raconter ce qui dut se passer entre l'homme de Dieu et le monarque qui lui révélait tout son cœur? qui nous révélera leurs pieux entretiens et leurs occupations célestes, et l'autel sacré que l'on dresse, et la célébration des augustes mystères qu'a précédée ce doux sommeil, image naturelle, heureux augure du repos éternel dont il va jouir; et la réception du pain des forts, qui l'aidera si puissamment à monter sur l'autel ou sur le trône de son martyre, et à prouver à tous les siècles que, s'il sut vivre, il sut aussi mourir?

Mais qu'entends-je? et quel nouveau spectacle vient s'offrir à mes yeux? c'est l'heure fatale qui sonne; ce sont de cruels satellites qui s'avancent pour se saisir de la victime; c'est Louis XVI qui, en allant au-devant d'eux, leur demande d'un air plus calme qu'intrépide, comme autrefois Jésus à la cohorte impie : Qui cherchez-vous? et qui, toujours roi, alors même qu'on vient pour le conduire à l'échafaud, leur ordonne de partir avec lui : *Partons*. C'est le départ du char funèbre qui roule lentement au milieu de la force armée, du deuil et des ruines. De là, Louis, comme de son char de triomphe, récite les prières ou le cantique des mourants; là, semblable à l'agneau de Dieu, il s'avance vers le lieu de son immolation et monte enfin sur son Calvaire.

Anges des cieux, accourez tous en ce moment, puisqu'il vous invoque pour contempler le plus merveilleux des spectacles que puisse vous offrir la terre! Accourez, non pour le soutenir dans son agonie et dans sa défaillance, il n'en a pas besoin, puisque Dieu le soutient; non pour détourner de lui le calice amer, il veut le boire jusqu'à la lie, mais pour admirer un héros dont le courage et la résignation égalent l'infortune, et qui, sans plainte comme sans impatience, sans faiblesse comme sans la moindre ostentation, se montre également au-dessus, tantôt de la compassion et tantôt de l'admiration qu'il inspire.

Venez voir ce descendant de trente rois, condamné à perdre la vie par ses propres sujets, auxquels il s'est sacrifié lui-même, et qui, bien loin de succomber sous le poids immense d'injustice et d'ingratitude, conserve encore je ne sais quelle héroïque impassibilité, je ne sais quelle sérénité surnaturelle, qui déjà l'associe à la béatitude dont vous jouissez.

O miracle de la foi! il est donc bien vrai que le chrétien surpasse autant le sage que l'ouvrage de Dieu l'emporte sur l'ouvrage de l'homme. Quel autre sentiment que celui de la religion aurait donc pu élever ainsi Louis au-dessus de lui-même, le rendre encore plus calme mille fois que ses bourreaux ne sont barbares et furieux, et lui communiquer ce surcroît d'héroïsme inouï avec lequel, non seulement, il leur pardonne tout le mal qu'ils lui ont fait? Les insensés! ils veulent l'avilir, et ils ne font que le relever davantage; en déchirant son diadème, ils ont rendu son front plus auguste et plus vénérable; et ses mains si pures, liées par des mains impies, ne s'en montreront que plus dignes à porter le sceptre.

Saint Louis fut roi dans les fers, son petit-fils est roi sur un échafaud. Saint Louis fit trembler les Barbares à son aspect, son petit-fils fait redouter à ses ennemis jusqu'à l'ascendant de ses paroles; et leur iniquité se trahissant, se confondant et se mentant plus que jamais elle-même, apprendra à tout l'univers que l'innocence et la vertu sont invincibles à tous les hommes.

Enfin le sacrifice est consommé, et l'auguste victime n'est plus. O jour affreux! ô jour plus sombre mille fois que la nuit! jour d'exécrable mémoire ! que n'est-il effacé du nombre de nos jours ? *Et pourquoi, disait un des Machabées, suis-je donc né pour être ainsi témoin de la ruine de ma patrie et de l'opprobre de ma nation ?* Non, après le déicide dont se rendit coupable un peuple réprouvé, le plus grand crime que le soleil ait jamais éclairé, la plus grande injure que les hommes aient jamais faite au ciel, c'est la sentence sacrilége portée contre l'oint du Seigneur. Ministre d'un Dieu de paix et de miséricorde, nous louons l'Évangile à la main, nous admirons même cette magnanimité d'âme, cette bonté inépuisable de Louis XVI, qui, pardonnant à de si grands coupables, se montre tout à la fois et l'image de Dieu et le modèle des héros chrétiens : mais quels que soient les vœux que nous formons ici pour les acteurs de cette horrible scène, nous n'assurerons pas moins qu'un si grand pardon ne peut se mériter que par un grand repentir, et qu'ici l'excès de la miséricorde ne dispense pas plus de l'expiation qu'elle ne lave de l'opprobre.

Mais non, Messieurs, tout n'est pas consommé, et la mesure des forfaits, pour être à son comble, n'est pas encore à son terme : un abîme doit appeler un autre abîme ; après l'époux nous verrons immoler l'épouse, et après l'épouse la sœur, et après la sœur le fils !!....

Quel sort pour cette Reine infortunée que Marie-Thérèse nous avait donnée avec tant de confiance, que nous avions reçue avec tant de transports ! Mélange heureux de grâce et de beauté, elle portait sur son noble front et la majesté des Césars et la majesté des Bourbons ; toujours digne d'elle-même, soit qu'elle monte au faîte des grandeurs, soit qu'elle descende jusqu'au dernier degré des misères humaines ; femme vraiment forte, moins encore élevée par son rang que par son caractère ; au-dessus de ses malheurs par son courage, femme au-dessus des calomnies par sa vertu, elle ne conspira jamais ; dévouée de cœur et d'âme à la France, elle ne fut jamais complice que des bienfaits de son époux. Voilà ses crimes !

Quel sort pour cette vierge céleste, pour madame Élisabeth, ornement de son sexe et honneur de la piété, modèle impérissable de l'amour fraternel, âme sublime, dont l'énergie égalait la candeur, aussi pure à la cour que patiente et résignée dans les fers, et digne d'un meilleur sort, si toutefois il en est un plus beau que celui de vivre en ange et de mourir en héroïne !

Quel sort pour ce royal enfant, tout orné de ses charmes et de son innocence, tendre lis, qui, sous des mains aussi viles que barbares, tombe à peine éclos avant son printemps, à dix ans et deux mois ! Forfaits inconcevables ! et comment les concevrions-nous, puisque nous-mêmes, qui les avons vus, pouvons à peine y croire ? Ah ! qu'ils aient *immolé l'héritier* pour envahir son héritage, nous pouvons l'expliquer ; mais Marie-Antoinette, mais Élisabeth, qui n'avaient à leur léguer que leurs malheurs et leurs vertus ; mais cet ange qui ne fait qu'essayer la vie, et qui déjà semble en avoir épuisé toutes les infortunes ! mystère !

O mon Dieu ! que faut-il donc admirer le plus ici, ou les mystères de votre providence ou les mystères de notre perversité, ou les profondeurs de vos jugements, ou les profondeurs du cœur de l'homme? Et que peut devenir un peuple lorsque, pour le punir de ses égarements, vous l'abandonnez à lui-même, et le livrez à ses propres fureurs?

Après cela, Messieurs, serons-nous bien surpris que le Seigneur ait versé sur notre belle France la coupe de ses vengeances? Ah! vous le connaissez ce déluge de maux qui a ravagé notre patrie, fait couler à flots le sang le plus pur pour venger la mort de l'innocent, et dont le contre-coup a ébranlé l'Europe entière. C'est que le régicide est le plus grand des crimes et la plus grande des calamités que Dieu tire des trésors de sa colère!

Mais il faut, Messieurs, qu'à ces punitions mémorables qui ont parcouru l'univers, à ces expiations forcées qui n'ont dépendu que du ciel, succèdent ces expiations volontaires qui ne dépendent que de nous et dont les coupables puissent se faire un mérite aux yeux de Dieu; il faut qu'à pareil jour on puisse lire sur tous les fronts que le peuple français est innocent de la mort de son Roi et que, loin d'avoir été complice de cet attentat à jamais détestable, nous le vouons à l'exécration de l'univers.

Pour cela, il faut qu'à l'exemple d'une nation rivale, qui venge tous les ans par un deuil solennel la majesté des rois, nous la surpassions en douleurs et en regrets comme nous l'avons surpassée en injustice et en ingratitude; il faut que, par un surcroît de regrets, de souvenirs et de bonnes œuvres, nous fléchissions la justice du Ciel et que nous obtenions du Père des miséricordes que cette grande et mémorable iniquité ne nous soit pas imputée. Car, sous certains rapports, ce péché du plus au moins est devenu comme le nôtre, parce que si nous ne l'avons pas directement commis et consommé, nous l'avons préparé par nos désordres et par nos scandales, par le mépris de Dieu et de ses lois, par je ne sais quel engouement d'innovations et quel amour exalté d'indépendance qui s'était emparé des meilleurs esprits; et que, si nous avons été étrangers aux excès sacriléges des factieux, nous ne l'avons pas été, peut-être, à l'exagération de leurs idées, à leurs chimères politiques, à leurs paradoxes pervers, à cette fièvre d'impiété qui faisait toute leur morale, et qui, ôtant aux rois leur majesté comme aux lois leur vigueur, nous a, de piége en piége, de conséquence en conséquence, poussés jusqu'à l'abîme; parce que ce péché s'est commis au milieu de nous et que notre gloire en sera éternellement souillée; enfin, parce que, si nous ne l'avons pas commis, nous l'avons laissé commettre.

Allons donc, Messieurs, pleurer entre le vestibule et l'autel, allons nous prosterner devant l'hostie de propitiation pour celui qui fut victime de son peuple, victime de sa vertu même; demandons, conjurons que bientôt il règne dans le ciel, celui qui ne songea qu'à faire le bonheur des Français.

Mais que disons-nous? Est-il bien vrai que le bon Roi ait encore besoin de nos prières? est-il vrai que ce soit pour lui ou pour nous que les expiations soient nécessaires? est-il vrai que ce soit à nous à lui offrir le secours de nos vœux et de nos suffrages, ou est-ce lui qui déjà intercède pour nous dans le sein d'Abraham où il réside? Ne pouvons-nous pas croire sans témérité que cette âme prédestinée, purifiée par tant de souffrances, a déjà reçu la récompense de ses vertus, et que toutes les fragilités toutes les imperfections de sa vie ont disparu devant le jour immortel de sa mort?

Saluons-le donc aujourd'hui roi martyr, c'est le seul titre de gloire qui manquait à sa race auguste; saluons-le martyr, puisque aussi bien les impies l'ont mis à mort, moins encore, peut-être, par haine pour la royauté que par haine pour la foi de ses pères, à laquelle *il fut toujours sincèrement uni de cœur*, comme il le déclare dans son immortel testament, et moins pour le punir du crime d'être roi que de son glorieux refus de souiller sa main en scellant la proscription des ministres fidèles à leur Dieu.

Oui, saluons-le martyr, puisque aussi bien c'est de ce nom que l'appelle un grand et immortel pontife, Pie VI, dans son allocution au consistoire du 17 juin 1793. Voici ses mémorables paroles : « O jour de triomphe pour
» Louis XVI ! s'écriait-il, à qui Dieu a donné
» et la patience dans les plus grandes infortu-
» nes, et la victoire au milieu même de son
» supplice. Nous avons la ferme confiance qu'il
» a heureusement changé une couronne fragile
» et des lis qui se seraient bientôt flétris en

» un diadème impérissable, que les anges » mêmes ont tissus de lis immortels. » Ainsi pensait et parlait de Louis, le grand pape ! Quel noble et touchant témoignage !

Mais s'il nous est permis de croire que le prince que nous pleurons reçut sur l'échafaud la couronne du martyre, comment pourrions-nous jamais oublier ce vœu sublime, cette dernière expression de son amour et de son cœur : *Je désire que mon sang fasse le bonheur de la France ?* Le sang du juste est monté au ciel, non pour crier vengeance, comme celui d'Abel, mais pour crier grâce, miséricorde, oubli et pardon !

Qu'elles soient donc gravées dans nos cœurs, comme sur son tombeau, ces belles et mémorables paroles ! C'est la plus magnifique et la plus éloquente épitaphe dont nous puissions le décorer ; le génie de l'homme n'en fera point qui puisse dire davantage pour notre instruction ainsi que pour sa gloire. Ah ! que ne peuvent-elles, ces admirables paroles, sorties de la bouche mourante du meilleur des rois, percer les voûtes de ce temple, voler aux quatre coins de l'univers, afin que l'univers répète jusqu'aux siècles les plus lointains : *Je désire que mon sang fasse le bonheur de la France !*

O vous que la douleur et la piété ont appelés à cette triste cérémonie, après avoir entendu tout ce que nous devons à la sainte et douloureuse mémoire du monarque que nous pleurons, accourez tous en ce moment, et réunissez-vous autour de ses précieux restes avant qu'ils ne descendent dans ces demeures silencieuses où nos Rois avaient édifié leurs solitudes, et dont ils ne devaient pas même avoir la triste gloire de jouir, et apprenez à juger une révolution qui, plus cruelle et plus vorace que la mort, a dispersé jusqu'à leurs cendres, et dévoré jusqu'à leurs sépulcres. C'est là qu'apparaît, dans tout son jour, qu'il n'y a de stable et d'éternel que le trône de Dieu. C'est là que les chrétiens apprendront à souffrir, à mourir, à pardonner, en se rappelant des misères et des malheurs qui à eux seuls ont épuisé tous les malheurs et toutes les misères ; et les souverains à s'humilier sous la main de celui qui brise les sceptres comme les roseaux, qui fait mourir les royaumes comme les rois, et qui chasse devant lui les potentats et leurs diadèmes, comme le vent disperse au loin la plus vile poussière. C'est là enfin que tous les cœurs français viendront puiser une seconde vie, et une nouvelle surabondance de fidélité et d'amour à leur Roi.

CHAPITRE XXXIV.

Suite des obsèques, après l'absoute.

Après l'absoute, les corps du Roi et de la Reine ont été descendus dans les royales catacombes restées vides de tous ces ossements humains qui hier étaient des rois, et de ces trente générations de princes et de monarques qui dormaient dans la tombe, et dont Louis XVI et sa compagne vont recommencer la succession.

De toutes les cérémonies religieuses qui ont eu lieu jusqu'à ce jour, il n'en est assurément aucune où la bonté du Roi et de son auguste famille n'ait fourni l'occasion de remarquer des circonstances attendrissantes qui caractérisent nos princes.

Mgr le duc d'Angoulême et Mgr le duc de Berry, descendus dans le caveau où doivent reposer les restes précieux que les voies de la divine Providence nous ont fait retrouver, et humblement prosternés sur le tombeau du

Roi martyr, n'ont laissé qu'un regret à ceux que leurs devoirs appelaient dans ce triste lieu, c'est que la France entière n'ait pas été témoin de leur profonde vénération et de leur pieuse douleur dans cet auguste et terrible moment.

Des salves d'artillerie ont annoncé, le matin, le départ du convoi et se sont renouvelées, pendant le service, à Saint-Denis, et au moment de l'inhumation des deux royales victimes sorties triomphantes du sein de la terre.

Dans cette imposante et douloureuse solennité, tous les cœurs se sont montrés réunis dans un sentiment commun auquel on a reconnu, sous ses véritables traits, le caractère national.

Si quelque objet eût pu distraire un moment la pensée des sentiments et des souvenirs dont elle était occupée, c'eût été l'aspect de ces beaux corps d'élite de l'armée et de la garde nationale qui, dans une attitude noble et silencieuse, laissait assez remarquer l'impression profonde qu'ils éprouvaient, et particulièrement la vue de cette maison du Roi dont un certain nombre des spectateurs pouvaient seuls reconnaître la couleur et les signes distinctifs, avec ce sentiment qui n'a pas besoin d'être défini, mais qui frappait tous les regards par l'éclat de sa brillante tenue, et tous les esprits par le souvenir des événements mémorables auxquels son nom se rattache.

Vers les deux heures, la cérémonie étant achevée, tous les corps ont quitté l'église, et l'assemblée s'est retirée, pénétrée de respect et d'une vive et religieuse émotion.

CHAPITRE XXXV.

Louis XVII. — Sa naissance, son enfance, son portrait, son éducation première. — Il est arraché des bras de sa mère pour passer dans des mains aussi viles que barbares.

Louis-Charles de Bourbon, fils de Louis XVI et de Marie-Antoinette, d'abord duc de Normandie, puis Dauphin et ensuite Louis XVII, était né au château de Meudon, le 27 mars 1785. Quand on sut sa naissance, des cris d'allégresse, des illuminations spontanées et de solennelles actions de grâces furent, dans tout Paris, l'expression d'un indicible enthousiasme; et lorsque la Reine, le 24 mai, y vint pour remercier Dieu d'avoir donné au trône un second prince, elle fut accueillie avec une joie dont rien ne saurait donner une juste idée.

L'année suivante, l'ivresse sembla augmenter dans un voyage que le Roi fit en Normandie, afin de visiter à Cherbourg les immenses travaux qu'il avait ordonnés dans ce port;

à tous pas on lui témoignait amour, dévouement et reconnaissance de ce qu'il avait donné à son second fils le nom de cette belle province. Sensible à cet élan de sincère affection, « Viens, viens, mon petit Normand, s'écriait souvent Louis XVI, en pressant l'enfant dans ses bras, viens; ton nom te portera bonheur! » Hélas! quatre ans plus tard, Louis-Xavier mourut à Meudon; sa mort excita d'universels regrets, en même temps qu'elle porta l'attention de tous sur le petit duc de Normandie, en l'appelant sur les marches du trône, où elle devait le faire monter un jour pour l'en précipiter presque aussitôt.

Voici le portrait que nous donne de ce jeune prince, devenu par la mort de son frère Dauphin de France, un écrivain de nos jours, M. Beauchesne, qui a consacré de longues pages à ce jeune et malheureux enfant, pages écrites avec amour, accueillies avec joie et mouillées de bien de larmes :

« Sa taille était fine, svelte, sa démarche pleine de grâce, son front large, découvert et ses sourcils arqués. On peindrait difficilement l'angélique beauté de ses grands yeux bleus frangés de longs cils châtains ; son teint d'une éblouissante pureté se nuançait du plus vif incarnat ; ses cheveux d'un blond cendré bouclaient naturellement et descendaient en épais anneaux sur ses épaules ; il avait la bouche vermeille de sa mère, et, comme elle, une petite fossette au menton. On retrouvait dans sa physionomie, à la fois noble et douce, quelque chose de Marie-Antoinette et de la bonté de Louis XVI. Tous ses mouvements étaient pleins de grâce et de vivacité ; il y avait dans ses manières, dans son maintien une distinction exquise et je ne sais quelle loyauté enfantine qui séduisait tous ceux qui l'approchaient ; sa bouche ne s'ouvrait que pour faire entendre les naïvetés les plus aimables. On l'admirait en le voyant et on l'aimait après l'avoir entendu.

» Marie-Antoinette savait qu'instruire ses enfants, c'est être deux fois mère ; aussi voulut-elle développer les premiers rayons de l'intelligence de l'héritier du trône. Esprit ouvert et précoce, bientôt ce charmant enfant sut lire et comprendre le sens et la portée de ce qu'il lisait. »

Louis XVI désira ensuite diriger lui-même l'éducation de son fils ; il dit à la Reine en cette circonstance : « Je m'estimerai heureux si mes efforts répondent à vos soins, et si je fais un jour tenir à Louis Charles tout ce qu'il vous a promis. » Sous ce rapport, au moins, remarque l'écrivain que nous avons déjà cité, le Roi devait se considérer heureux ; jamais affection de père, jamais orgueil maternel n'avaient reposé sur une petite tête plus belle, ni plus digne !

On nomma ensuite précepteur de ce jeune prince, parvenu à sa sixième année, M. l'abbé Davaux, qui s'occupait déjà de l'éducation de Madame Royale, mais l'abbé Davaux devait suivre les plans de Louis XVI ; de sorte qu'on peut dire que le Roi s'était réservé pour lui-même les douces et importantes fonctions de gouverneur de son fils, et qu'il les remplit jusqu'aux jours néfastes où il fut séparé, dans la prison du Temple, de sa femme et de ses enfants ; alors la Reine remplaça son époux jusqu'au moment où cet enfant bien-aimé fut arraché violemment des bras de sa mère pour passer dans les mains du cordonnier Simon, homme aussi vil que barbare !

Quel sort et quelle destinée pour cet infortuné prince, orné de charme et d'innocence, tendre lis à peine éclos, de tomber, de mourir, après un long martyre de souffrances inouïes, avant son printemps, à *dix ans et deux mois* ! Ce serait à ne pas y croire ! Mais cet ange qui ne faisait qu'essayer de la vie, devait, lui aussi, être immolé, parce que, né sur le trône, il est l'héritier de son père, et que la tourbe des factieux, parvenus au pouvoir, prétend envahir son héritage ! Mais n'anticipons pas ; suivons l'ordre des temps et laissons parler les faits.

CHAPITRE XXXVI.

Simon, commis du Temple, cordonnier par état, est nommé, par l'Assemblée nationale gardien-précepteur et gouverneur de Louis XVII, Roi de France.

Arraché violemment, ainsi que déjà nous l'avons dit, des bras de sa mère, le royal enfant, âgé de sept ans et six mois, fut aussitôt remis entre les mains du plus grossier et du plus brutal des hommes que la Convention nationale avait choisi à la brutalité de ses mœurs; aussi ne fut-elle point trompée dans son attente!

Simon ayant reçu ce jeune enfant des mains des commissaires, s'empara de sa proie et l'emporta dans sa chambre. Pleurant à chaudes larmes et livré à un violent désespoir, cet infortuné prince resta deux jours sur le plancher sans vouloir prendre aucune nourriture. « Ah ça, lui dit Simon, après deux heures d'attente et l'avoir en vain enveloppé de bouffées de tabac, gredin de louveteau, veux-tu donc enfin te relever et te taire ? » Et comme le pauvre enfant, à qui on ne pouvait reprocher que d'être né sur le trône et la douleur qu'il éprouve de se sentir séparé de sa mère, reste à sa place, ne répond pas et continue de pleurer : « Ah ! petit Capet, s'écrie l'impitoyable Simon, tu fais le mutin ; tu es donc muet, louveteau ? Je vais t'apprendre à répondre et à m'obéir, lève-toi ! » L'enfant ne remue pas. « Lève toi, ou..., » alors, Simon, transporté de colère, la chope à la main, la pipe à la bouche et le blasphème sur les lèvres, ne rougit pas de frapper et du pied et de la main son royal élève qui n'a que des coups à recevoir et des pleurs à verser. Ainsi s'ouvrit la première scène dans laquelle l'effet suivit de près la menace de l'impitoyable geôlier.

Nous ne prétendons assurément pas faire ici la synthèse de tous les mauvais traitements qu'eut à éprouver Louis XVII de la part de Simon, nous n'en rappellerons que les principaux. D'abord, après l'avoir cruellement battu, sans rien obtenir de ce courageux enfant, Simon prit le parti de le traiter comme on traite les petits des animaux surpris à la mère et réduits en captivité, à la fois intimidés par les coups et énervés par l'approvisionnement.

Au bout de deux jours en effet, le pauvre enfant se releva, et, pressé par la faim, consentit à accepter un morceau de pain, but un verre d'eau et fut se jeter sur le grabat qui lui était destiné. Dès le lendemain, debout de bonne heure, il fut trouver son gouverneur, et lui dit: « Je veux savoir quelle est la loi qui vous autorise de me tenir ici, loin de ma mère. Montrez-moi cette loi, je veux la voir! » Et, pour toute réponse, Simon lui appliqua sur les joues deux vigoureux soufflets. « Vous pouvez me punir si je vous manque, s'écria le jeune prince, mais vous n'avez pas le droit de me battre, entendez-vous? vous êtes plus fort que moi! »

Le 7 juillet, une députation du comité du salut public se rendit au Temple, vit l'enfant Roi, s'enquit de la manière dont Simon remplissait les devoirs de l'importante mission qui lui avait été confiée, et témoigna au royal gouverneur pleine satisfaction !

« Heureux de recevoir d'aussi grands éloges et de les avoir mérités à coup sûr, Simon prit la parole et s'exprima en ces termes : « Citoyens, que décidez-vous de ce louveteau ? Il était appris pour être curieux et très-insolent ! je saurai le mater ! tant pis s'il *crève !* je n'en réponds pas ! Après tout, citoyens, qu'en veut-on faire ? le tuer ? — Non, répondent les délégués ! — L'empoisonner ? — Non ! — Le déporter ? — Encore moins ! — Mais quoi donc ? et les citoyens de répondre : « Le laisser dépérir, et de la sorte s'en *défaire !* » En effet, il n'a été ni tué, ni empoisonné, ni déporté, mais on s'en est *défait !*

Dès lors, parfaitement au courant des vues du pouvoir, Simon redoubla de zèle pour réaliser ce qu'on attendait impatiemment de lui ; il en saisit toutes les occasions. Le 14 juillet, à la nouvelle de la prise de Condé par les Autrichiens, le gouverneur de l'enfant l'appela et lui dit : « Petit louveteau, viens ici. Par ta mère, tu es à moitié Autrichien, je vais t'assommer à moitié. » Et porté au paroxysme de la fureur, il accable l'infortuné prince d'un nouveau déluge de coups !

Nouvelle scène. Le *divin* Marat, car c'est ainsi qu'on le nommait même après sa mort, ayant succombé sous le poignard de Charlotte Corday, Simon dit à son élève : « Je comptais te faire quitter dès demain tes habits noirs, mais tu les garderas ! Je veux que le petit *Capet* porte le deuil de Marat qu'on vient de tuer ! » L'enfant garde le silence. « Ah ! *gredin* de louveteau ! tu n'as pas l'air d'être affligé ; tu te réjouis donc de la mort de l'ami du peuple ! Viens ici ; je vais te travailler, te donner de douces pralines et des dragées fondantes. » Et ce disant, ce monstre se porta encore à des voies de fait, le 14 juillet, sur le dos de son innocente victime, afin d'augmenter son effet par son effet même.

Le 10 août, jour d'odieuses réjouissances publiques, Simon revêt de la carmagnole le royal enfant, le coiffe du bonnet rouge et lui remet une chanson en lui disant : « C'est aujourd'hui l'anniversaire d'un grand jour ! il faut que tu cries vive la république ! et que tu chantes avec moi la chanson que voici, qui est appropriée à cette fête et qu'on m'a donnée pour toi. » L'enfant feignit de n'avoir pas entendu et garda le silence. « A qui ai-je donc parlé? reprit d'un ton violent le brutal cordonnier, S.... louveteau! tu crieras le *vivat* de la république, ou!.. » Et, sans attendre la réponse, l'effet suivit encore de près la menace. Pour dépeindre pareille scène, il faudrait ici créer des expressions nouvelles.

« Vous ferez de moi tout ce que vous voudrez, répondit alors le pauvre enfant sans laisser échapper une larme, mais je ne chanterai pas plus *vive la république* que l'infâme chanson qui outrage ma mère! — Si tu ne chantes pas, louveteau, je te déclare que je t'assomme. » Et, saisissant un chenet dans le foyer, il le lança à la tête du jeune enfant, et c'en était fait de lui, s'il n'eût su esquiver le coup.

Le royal enfant, malgré sa fermeté, ne pouvant résister à la violence, était devenu comme le serviteur de l'ignoble ménage. La femme Simon, primitivement journalière, l'avait chargé d'entretenir sa chaufferette et de la propreté de ses chaussures, de la maison. Ce n'est pas tout; quand Simon prenait un bain de pieds, le noble enfant, à genoux, devait les lui essuyer, et debout le servir prestement à table; dans ce jeu infâme et cruel, un jour, il faillit lui arracher un œil d'un coup de serviette sanglé vigoureusement au visage, parce que le royal serviteur n'avait pas bien entendu la voix de son maître.

Une nuit, ce Simon aux entrailles de fer, se rendant auprès de son élève pour l'éveiller en sursaut, le surprit à genoux sur son grabat, les mains jointes, récitant, à demi-voix, la prière que soir et matin son père lui faisait dire au Temple! « Dieu tout-puissant, qui m'avez créé et racheté, je vous adore! prenez pitié de nous, conservez mes chers parents et daignez nous protéger contre nos ennemis. »

En entendant cette prière et surtout ses derniers termes, Simon se montre à l'enfant, jure, blasphème, prend une cruche d'eau et inonde sa pauvre couche. Saisi d'un frisson mortel, l'enfant, pour parer de nouveaux coups, s'étend dans son lit sans mot dire. Simon le serre de sa lourde main, jure et s'écrie: « Ah! je t'apprendrai, louveteau, à faire des *patenôtres* contre ton maître; je vais t'étrangler, louveteau! » L'enfant eut peur, il pouvait lui en coûter cher, bien cher, la vie! il contint sa douleur et lui dit : « Que vous ai-je donc fait pour vouloir me tuer ? — Te tuer, louveteau ! Ah ! si je te prends une fois par la gorge, désormais tu ne crieras plus. » La victime se tut, et Simon se retira, heureux de son triomphe.

Cette œuvre d'iniquité n'allant pas aussi vite que le désirait la Convention nationale, elle fit entendre à Simon qu'il devait préalablement étouffer peu à peu, éteindre l'intelligence du petit *Capet* et dépraver son cœur. A dater de ce jour, l'ignoble geôlier prit ses mesures et changea le régime de son élève. Jusque-là il lui avait fait endurer toutes sortes de privations ; il le forcera désormais à manger et à boire avec excès sans lui permettre le moindre exercice. D'abord il punissait en lui la sensibilité des souvenirs, puis il promettait des récompenses à la bassesse ; il l'engageait à injurier la mémoire de son père, les larmes de sa mère, l'innocence de sa sœur et la piété de sa tante. Ensuite, joignant le cynisme à la brutalité, il voulait lui faire chanter des chansons obscènes ; mais le pauvre enfant se roidissait et pleurait. Pourtant parfois, quand sa petite tête se trouvait échauffée par les boissons qu'on le forçait de prendre, alors le royal enfant, privé de force physique et morale, se laissait aller au gré de son tyran et aux *vivat* de l'époque.

« Nous l'entendions parfois, dit Madame Royale, dans son récit de la captivité du Temple, chanter avec Simon la Carmagnole et autres horreurs pareilles ; mais heureusement la Reine, partie pour la Conciergerie, ne les a pas entendues ; c'est un supplice dont le ciel l'a préservée ! »

Il n'est donc pas étonnant que l'ignoble Hébert, averti par Simon que son élève était disposé à raconter d'étranges choses, se soit rendu au Temple, le 6 octobre 1792, pour s'assurer du fait. Hébert trouve le prince dans cet état d'assoupissement qui suit l'ivresse. Il l'interroge, et le pauvre enfant, toujours si honnête, si droit, si aimant, incapable alors de comprendre et de penser, répond comme l'on veut qu'il réponde, signe tout ce que l'on veut qu'il signe ! même des dénonciations contre cette bonne mère dont il était si désolé de se sentir séparé !

CHAPITRE XXXVII.

Louis XVII, délivré de la brutalité de Simon, passe en d'autres mains non moins brutales.

Dès le second jour de janvier 1794, parut une loi interdisant le cumul des fonctions salariées par l'État. Simon, commissaire du Temple, membre du conseil général de la commune et geôlier de Louis XVII, eut donc à opter entre ses divers emplois. Il aurait bien voulu ne pas perdre les *six mille francs* que lui assurait son titre de gouverneur du royal captif, mais comme il voyait que, *grâce à ses bons soins*, la vie de son élève était près de sa fin, il se démit de cette dernière charge dans l'espoir de conserver longtemps les deux autres. Il dut donc quitter le Temple le 19 janvier 1794. Ses adieux à son élève furent une malédiction ; cette malédiction ne porta pas bonheur au maître, car, le 9 thermidor, sa tête tomba sous la hache du bourreau. Dieu l'attendait là !

Le comité du salut public ayant arrêté, le 16 janvier, que les seuls membres de son conseil seraient chargés de la surveillance des tours du Temple, Simon n'eut pas précisément de successeur, et le jeune Roi, dont la vie s'éteignait, n'eut pas besoin d'autres bourraux que ceux que le comité du salut public avait désignés pour consommer l'œuvre déjà si avancée par les indignes traitements du brutal Simon.

Dès le lendemain du départ de cet homme, le logement de Louis XVII fut réduit à une petite chambre occupée précédemment par Cléry. L'enfant, parvenu à sa neuvième année, y fut conduit, renfermé et séquestré ; et, afin que personne ne pût arriver jusqu'à lui, la porte de sa cruelle prison devint un simple *guichet*, à hauteur d'appui, cadenassé et sur lequel on déposait deux fois le jour la pauvre nourriture du royal captif qui eut à passer six mois dans un entier isolement, privé de tout jeu, de tout travail, de toute distraction, tremblant de frayeur et dévoré par l'insomnie. Quelle horrible position, grand Dieu ! pour un enfant de 9 ans !

Ses nouveaux geôliers ne le frappaient pas, il est vrai, mais ils avaient soin d'aller, alternativement, au guichet plusieurs fois dans la même nuit, pour l'éveiller en sursaut et troubler ainsi ses quelques instants de repos ! « *Capet, Capet,* lui criait d'une voix rauque et dure, le cruel visiteur, où es-tu ? est-ce que tu dors ? Lève-toi et viens ici, j'ai besoin de te parler ! » Et l'innocente victime, sans lumière et sans feu, au cœur de l'hiver, sortait de son lit, se hâtait de se rendre à tâtons au guichet qu'on venait d'ouvrir avec fracas, et répondait : « Citoyen, me voici ; que me voulez-vous ? — Te voir ! C'est bien ! va te coucher ! » Et, deux ou trois heures après, nouvelle visite et mêmes terreurs ! *Quelle existence !*

Saisi d'effroi, le lecteur demandera peut-être ici si l'imagination n'a pas eu quelque part dans le tableau de pareilles cruautés et de pareilles souffrances à demi ignorées. Nous osons affirmer que nous n'inventons rien, absolument rien, que nous avons puisé nos renseignements dans des documents exacts, authentiques et même que nous n'avons qu'effleuré les deux volumes écrits par M. Beauchesne, et la Vie de Louis XVII, par C. Roisy.

Ce n'est pas tout! voici la suite de ce lamentable récit. La privation d'air pur, la mauvaise nourriture et le défaut d'exercice aggravèrent à tel point l'état de cet infortuné prince, qu'il n'eut bientôt plus ni le courage, ni la force de balayer sa prison, ni de remuer son grabat; il dut, nuit et jour, garder sa carmagnole *lacérée* et autres vêtements en *loques!*

CHAPITRE XXXVIII.

Intervention de Barras. — Nomination d'un nouveau gardien pour le Roi. — Horrible spectacle. — Enquête. — Réponse de l'enfant. — Son dépérissement. — Sa fin approche.

Après l'exécution de Robespierre, de si *douce mémoire*, Barras voulut qu'un gardien particulier fût chargé du royal captif du Temple; son choix, heureusement, s'arrêta sur un homme de l'époque, mais doux et humain, nommé *Laurent*. Ce Laurent se rendit au Temple le 13 thermidor; on lui montra l'enfant par l'ouverture du guichet; à cette vue, saisi de compassion et de douleur, il courut chez Barras demander une enquête ou se démettre de sa charge.

Le 13, six membres du conseil arrivent au Temple, la prison du royal enfant s'ouvre, et le plus horrible spectacle qu'il soit donné à l'homme de concevoir, apparut aux regards de la commission. — Sur un lit en désordre, étrangement sale, un pauvre petit être à demi enveloppé d'un linge crasseux, le visage hâve, les lèvres décolorées, les joues creuses, les yeux ternes, la tête couverte de vermine, le cou rongé par des plaies purulentes, les membres grêles, une genou et un main chargés de tumeurs, etc.

A l'entrée des visiteurs, cet ange de douleurs ouvrit à peine les yeux. Cent questions lui furent faites et il ne répondit à aucune.

L'un des commissaires, à cheveux blancs, voyant encore intact, sur la planchette intérieure du guichet, le dîner de la veille, demande plus de dix fois au royal orphelin pourquoi il n'avait pas pris son repas. Touché de l'accent paternel de ce visiteur, le noble et malheureux enfant lui répondit : « Citoyen, je ne puis plus me lever, je souffre trop ! et je demande au bon Dieu de me faire mourir, je désire mourir. »

La visite terminée, Laurent prend le pauvre malade dans ses bras. Le change de linge et le transporte dans la chambre même où avait demeuré son malheureux père, Louis XVI, et l'enfant se prit à pleurer en y entrant. Les soins de cet honnête gardien rendirent quelques rayons d'espérance, de courage et de vie à Louis XVII. Laurent le portait quelquefois respirer l'air sur la plate-forme du Temple. Un jour l'enfant, arrivé au troisième étage de la tour, dit à son gardien : « Puisque je vois que vous m'aimez, voici la porte de la prison de ma mère, je vous en prie instamment, procurez-moi le bonheur de l'embrasser encore une fois avant de mourir ! — Mon petit ami, lui dit Laurent, je le voudrais bien, mais votre maman n'est plus là ! »

Trop enchaîné au Temple par les devoirs de sa charge, le brave Laurent obtint qu'on lui adjoignît le sieur Gomin, homme doux et tranquille. Quinze jours après, des affaires de famille obligèrent Laurent à quitter le Temple ; il fut remplacé par un nommé Lasne, peintre en bâtiments. Lasne avait vu le Dauphin aux Tuileries ; l'enfant le reconnut et s'attacha à lui tout d'abord ; et ce gardien, homme de cœur, se rendit digne de la confiance du Prince.

Mais, malgré tous les soins qui lui furent prodigués, loin de se remettre, l'enfant continua à dépérir à vue d'œil. Ses gardiens effrayés demandèrent la visite d'un médecin; et, après plusieurs jours, n'ayant pas eu de réponse ils renouvelèrent leurs demandes.

Enfin, le docteur Desault, ancien médecin des enfants de France, fut autorisé à voir l'infortuné captif. Quand il eut apprécié son lamentable état et prescrit ses ordonnances, il se retira en secouant la tête et les yeux pleins de larmes, et, rentré chez lui, il mourut subitement. Six jours plus tard, le 5 juin, le sieur Pelletan, mandé au Temple, s'y rendit aussitôt; trouvant son malade dans un état qui ne laissait nul espoir, il demanda une consultation, qui ne fut autorisée que deux jours plus tard, en faveur du docteur Mangin!

La nuit vint, la dernière, hélas!.. « Lasne, dit l'enfant, en voyant la mort à son chevet, j'entends une belle musique, et, au milieu de toutes les voix venant du ciel, je reconnais celle de ma mère qui m'y appelle! Merci de vos soins, et adieu, je vais m'y rendre; » et inclinant sa tête mourante sur la poitrine de Lasne, il rendit le dernier soupir. C'était le 8 juin 1795, à 2 heures 1/4 de l'après-midi.

L'infortuné avait vécu *dix ans deux mois et douze jours !*

Ainsi finit dans la captivité et la souffrance Louis XVII; il n'eut pour trône qu'un grabat, pour palais qu'une prison, et il ne connut d'autre couronne que la couronne d'un long martyre !

CHAPITRE XXXIX.

Acte de décès de Louis XVII. — Ses obsèques. — Son inhumation au cimetière Sainte-Marguerite, constatée par témoins oculaires.

« L'an III de la république française, et le 23 prairial, à deux heures après midi, nous, officier municipal soussigné, avons dressé l'acte de décès de Louis-Charles Capet, âgé de dix ans et deux mois, né à Versailles et domicilié aux tours du Temple, fils de Louis Capet, dernier Roi de France, et de Marie-Antoinette d'Autriche, sa femme, sur le certificat du sieur Dusser, commissaire de police du quartier du Temple, et sur la déclaration d'Étienne Lasne, gardien au Temple, et de Remi Bigot, amis du défunt, lesquels ont signé avec nous aux jour et an que dessus.

« LASNE, BIGOT, ROBE. »

Aux archives de l'Etat.

OBSÈQUES DE LOUIS XVII.

« Nous soussigné, Dusser, commissaire de police à la section du Temple, avons ordonné, le 4 prairial de l'an III de la république française, la levée du corps de Louis Capet, décédé hier, à deux heures un quart de l'après-midi, au Temple. La levée du corps a eu lieu à sept heures et demie du soir, pour être transporté au cimetière de Sainte-Marguerite. Le corps, couvert d'une bière et d'un drap mortuaire, a été porté par quatre hommes, se relevant deux à deux, escorté par huit soldats commandés par un sergent, et enterré près de la fosse commune, non loin du mur, vers les neuf heures du soir. Au même instant arrivèrent audit cimetière deux factionnaires, dont l'un fut placé près de la fosse et l'autre à la porte du cimetière, afin que personne ne vînt enlever les restes du fils du dernier Roi de France. De tout ce que nous avons dressé le présent procès-verbal, l'avons signé et fait signer aux sieurs Lasne et Bigot, employés au Temple, amis du défunt, dont ils ont accompagné le convoi.

« Dusser, Lasne, Bigot. »

(Archives de l'hôtel de ville.)

CHAPITRE XL.

— Y a-t-il eu recherches et enquête relativement aux précieux restes de Louis XVII ? — Qu'est devenue sa dépouille mortelle ? — Les lettres suivantes vont répondre à ces questions.

Le 1ᵉʳ février 1816, M. de Cazes, ministre de la police, écrivait à M. d'Anglès, préfet de police, la lettre suivante :

« Sa Majesté étant dans l'intention de faire élever un monument funéraire à la mémoire de Louis XVII, il importe de découvrir les précieux restes de cette illustre victime de la révolution. On sait positivement que le jeune Roi a été inhumé dans le cimetière Sainte-Marguerite, en présence de deux commissaires du Temple et du sieur Dusser, commissaire de police de la section, le 9 juin 1795. Les restes du jeune Roi devant être déposés dans les caveaux de l'église royale de Saint-Denis, je vous invite à me rendre compte des mesures que vous aurez prescrites et du résultat qu'elles auront obtenu.

« Agréez, etc., Comte de CAZES. »

Réponse à la lettre précédente, et résumé d'un long rapport sur l'enquête demandée à M. le préfet de police.

« Monseigneur, à la réception de votre lettre d'hier, j'ai désigné deux commissaires de police, les sieurs Petit et Simon, pour prendre d'abord auprès du sieur Dusser, ancien commissaire de police de la section du Temple, qui, en cette qualité, avait dû assister à l'inhumation du jeune monarque, tous les renseignements qu'il pourrait donner, et ensuite à se renseigner partout ailleurs, et aussitôt que les renseignements que j'espère obtenir m'auront été donnés, je m'empresserai de les adresser à Votre Excellence. Agréez, etc.

« C. D'ANGLÈS, préfet de police. »

Quinze jours après cette première lettre, M. d'Anglès transmit à M. de Cazes, ministre de la police, un long rapport sur les résultats de son enquête.

Nous voudrions pouvoir citer le rapport en son entier, mais sa longueur nous détermine à n'en donner à nos lecteurs que le résumé suivant :

« Oui, il est très-vrai que Louis XVII est décédé le 8 juin 1795, dans les tours du Temple; que ses dépouilles mortelles, escortées par huit hommes et un sergent, portées à bras par quatre hommes se succédant deux à deux, ont été portées au cimetière Sainte-Marguerite, où elles ont été inhumées vers les huit heures et demie du soir, le 9 juin 1795, en présence des sieurs Lasne et Bigot, employés, l'un au Temple et l'autre rue de la Section des Droits de l'homme, n° 7, et sous les yeux aussi du sieur Dusser qui, en sa qualité de commissaire de la même section, avait présidé à la levée et au transport du corps du jeune Roi au susdit cimetière Sainte-Marguerite, et en avait dressé et signé procès-verbal, que vous trouverez ci-joint. »

D'après une foule de témoignages qui semblent mériter entière confiance, il n'est pas moins certain que la disparition des deux factionnaires du cimetière de Sainte-Marguerite, à la troisième nuit de l'inhumation de cet infortuné prince, ne fit que confirmer l'opinion accréditée que le corps du jeune Roi ne s'y trouvait déjà plus.

La veuve de l'ancien fossoyeur et plusieurs anciens membres du haut et bas clergé de Sainte-Marguerite sont intimement persuadés que le comité de sûreté générale avait pris ses mesures pour enlever dudit cimetière la sainte dépouille de Louis XVII pendant la troisième nuit de sa sépulture; que ses précieux restes avaient été secrètement exhumés et nuitamment transportés et jetés dans la fosse commune du cimetière de Clamart, afin de dérouter les recherches de l'avenir.

Quoi qu'il en soit, ce rapport transmis à Louis XVIII fit une telle impression sur son esprit et fit naître à la cour tant d'incertitudes, que Sa Majesté, ne voulant pas s'exposer au ridicule d'impatroniser un inconnu dans les tombeaux de son auguste race, ordonna de suspendre l'exécution des ordres qu'elle avait donnés à ce sujet; et depuis lors il ne fut plus question ni des dépouilles mortelles de Louis XVII, ni d'un monument funéraire à ériger à la mémoire de ce jeune martyr.

———

Toutefois, d'après ce qui a été dit, il est évidemment démontré que cet infortuné prince rendit son dernier soupir au Temple, et que les Mathurin Bruno et les prétendus ducs de Normandie qui, dans le temps, ont fait quelque bruit, et beaucoup de dupes, même dans un certain monde, n'étaient que des intrigants dignes d'un souverain mépris.

CHAPITRE XLI.

Madame Royale au Temple, ses peines, ses angoisses, son courage. — Sa sortie du Temple. — Son départ de France et son arrivée à Vienne en Autriche.

En faisant l'historique de la chapelle expiatoire, pourrions-nous oublier l'auguste duchesse qui a tant contribué à son érection, à son ameublement et à ses besoins? nous en dirons donc quelques mots.

Tout Paris sait que cette jeune et innocente prisonnière du Temple partagea les chaînes de son infortunée mère et de son malheureux père, qu'elle reçut ses derniers adieux, ses derniers embrassements, et que, toute parée de sa ressemblance, de ses vertus, de son courage, de ses malheurs et toute sanctifiée de ses bénédictions dernières, elle se rendait plusieurs fois la semaine au monument expiatoire pour y prier, les yeux pleins de larmes, et s'y nourrir de tendres et bien douloureux souvenirs! Comment donc l'oublier? impossible!

Du reste, le lecteur, s'il l'ignore encore, ne sera pas fâché d'apprendre comment Marie-Thérèse de France, la seule de toutes les proies que la prison du Temple ait rendue vivante, en sortit.

Parvenue à cet âge qui permet de sentir toutes les peines de la vie et les angoisses du malheur, Madame Royale avait appris par de grands exemples à se montrer plus forte que l'adversité. Isolée dans sa prison, après avoir perdu père, mère, son unique et jeune frère, ainsi que sa pieuse tante, Madame Élisabeth de Bourbon, un vide affreux ainsi fait autour d'elle et n'ayant que Dieu pour conseil et appui, ah! elle l'a dit bien souvent aux Tuileries, qu'elle s'attendait chaque jour, chaque moment, à entrer à son tour dans la voie du martyre, et que sa conservation était, à ses yeux, un miracle de la bonté divine.

Grand nombre de factieux de cette époque voulaient et demandaient aussi sa mort comme le couronnement de leur triomphe. Son immolation fut donc mise en délibéré; mais sur l'observation de quelques membres de l'Assemblée nationale que, d'après la loi salique, il n'y avait plus de raison de craindre et de tuer une femme restée seule de sa famille, et qu'il serait beaucoup plus avantageux à la république de chercher à l'échanger contre les citoyens *Camus*, *Quinette* et autres députés détenus prisonniers en Allemagne, cet avis ayant prévalu, les esprits se calmèrent, puis, dans l'espoir de cet échange, le comité de sûreté générale arrêta qu'une femme serait provisoirement donnée à la *fille Capet* pour la servir au Temple.

La proposition de l'échange ayant été faite et acceptée, il fut décidé que la princesse serait conduite en Autriche. En effet, Madame Royale sortit de la prison le 19 décembre 1795, jour anniversaire de sa naissance, laissant derrière elle de chers et bien douloureux souvenirs.

Le citoyen Benezech, ministre de l'intérieur, fut l'attendre avec sa voiture et deux gendarmes, à la porte de la prison du Temple et la conduisit jusqu'au boulevard de la Porte Saint-Martin ; et là, sous le nom de *Sophie*, la marquise de Soucy, ancienne gouvernante des enfants de France, le sieur Méchin, officier de

SUR LA CHAPELLE EXPIATOIRE DE LOUIS XVI. 327

gendarmerie, et Gossin, commissaire du Temple, se placèrent avec elle, et la voiture roula pour se rendre en Autriche.

La marquise de Soucy eut donc l'honneur d'accompagner la jeune princesse et de la remettre, le 9 janvier 1796, dans les mains de la famille impériale à Vienne.

Ici se clôt la bien triste histoire de la captivité du Temple par la sortie de Madame Royale. Quant aux autres dures épreuves que la Providence lui réservait encore, par suite de la révolution de 1830, comme elles sont connues, nous n'avons pas à en parler dans cet écrit. Il nous suffit de dire, en passant, que c'est d'elle particulièrement que nous savons tout ce que la famille royale eut à souffrir au Temple, le navrant récit de la dernière entrevue du 20 janvier 1793, et les belles et prophétiques paroles que Louis XVI lui adressa, en la bénissant, prosternée à ses pieds, le jour de sa première communion. Le lecteur les trouvera ci-jointes.

CHAPITRE XLII.

Belles et prophétiques paroles adressées par Louis XVI à Madame Royale, au jour de sa première communion.

« C'est du fond de mon cœur, ma fille, que je vous bénis, en demandant au ciel qu'il vous fasse la grâce de bien apprécier la grande action que vous allez faire. Votre cœur est innocent, pur aux yeux de Dieu ; vos vœux doivent lui être agréables ; offrez-les-lui pour votre bonne mère et pour moi ; demandez-lui qu'il me donne les grâces nécessaires pour faire le bonheur de ceux sur lesquels il m'a donné l'empire, et que je dois aimer comme mes enfants.

» Demandez-lui qu'il daigne conserver la foi et la pureté de la religion dans ce royaume ; et souvenez-vous bien, ma fille, que cette sainte religion est la source du vrai bonheur et notre soutien dans les adversités de la vie.

» Ne croyez pas, ma fille, que vous soyez à l'abri des épreuves et du malheur ; Dieu seul connaît ce que sa providence nous réserve. Vous êtes bien jeune encore, et déjà vous avez vu votre père affligé plus d'une fois.

» Vous ne savez pas, ma fille, à quoi le ciel vous destine et par quelles voies dures vous aurez à passer, si vous resterez, si vous *mourrez* dans ce royaume; mais, dans quelque lieu que la main de Dieu vous pose, souvenez-vous que vous devez édifier par vos exemples, faire le bien toutes les fois que vous en trouverez l'occasion; mais surtout, mon enfant, soulagez les malheureux de tout votre pouvoir. Dieu ne vous a fait naître dans le rang où nous sommes que pour travailler à leur bonheur et les consoler dans leurs peines.

» Allez, allez aux autels où vous êtes attendue, et conjurez le Dieu des miséricordes de ne vous laisser oublier jamais les avis d'un père tendre ! »

CHAPITRE XLIII.

Courtes considérations. — Résumé et conclusion.

Les meilleurs princes ne sont pas toujours à l'abri des révolutions ; sur ce point, les faits parlent assez haut ; mais, hélas ! trop souvent aussi on perd de vue que quiconque plante un arbre, et le laisse croître en sauvageon, ne peut se plaindre de son fruit.

L'arbre antique de la royauté avait poussé de trop profondes racines dans le sol de la France, pour céder au premier effort des factieux ; un long ébranlement, les impies et leurs conseils le savaient bien, devait précéder sa chute et l'assurer.

Aussi, depuis plus d'un demi-siècle des esprits brillants, mais sans règle et sans mesure, joignant à l'oubli de Dieu l'admiration insensée de leur propre mérite, et voulant arriver au pouvoir, avaient juré de renverser et le trône et l'autel. L'un des principaux chefs de cette effroyable incrédulité, dont la France était devenue le centre, et dont elle devait être aussi la première victime, avait proclamé bien haut, comme moyen infaillible et unique de succès, qu'il fallait, coûte que coûte, à tout prix, avec les boyaux du dernier des prêtres étrangler le dernier de Rois. Et nous savons aujourd'hui ce qu'il en advint en 1793 et les années suivantes.

Mais quoi ! serait-il donc vrai que des princes tels que Louis XVI, que les prêtres de l'homme-Dieu qui a versé son sang pour tous, qui a régénéré le monde en appelant à soi les grands et les petits, soient par nature, comme on l'a dit, des *éteignoirs* et les ennemis du peuple ? Qui oserait le dire aujourd'hui sans rougir, si ce n'est l'insensé ou l'impie ?

Oh ! le prêtre digne de ce nom, souvent honni et détesté, parce qu'il n'est pas connu, est loin d'être l'ennemi du peuple confié à ses soins, et dont, tôt ou tard, il aura à rendre compte à Dieu. Nous devons donc l'aimer ce peuple, et nous l'aimons, et, quand il le faut, jusqu'à sacrifier pour lui notre propre vie; mais nous l'aimons pour l'éclairer et non pour le perdre, pour lui assurer, dans la mesure du possible, le bien-être par l'économie, le travail par l'ordre, pour lui apprendre et lui répéter combien, pour lui surtout, sont amers les fruits de la révolte et d'une aveugle indépendance. Nous aimons à le consoler dans ses peines par le sentiment religieux et par l'obéissance chrétienne aux lois de son pays que trop souvent ses prétendus amis lui présentent comme les seuls obstacles à son bien-être, à ses droits, à son bonheur, sans lui parler jamais, bien entendu, de ses devoirs!

Ah! lorsque le sentiment religieux fait défaut, lorsque les vrais principes et les véritables croyances sont affaiblis au cœur des masses, et qu'aux douces émotions des âges chastes, ont succédé la licence des mœurs, l'esprit d'incrédulité, les excès de la débauche, une ambition dévorante et les immondes légendes du vice, alors la chose publique est dans un véritable danger et l'esprit révolutionnaire toujours subtil, adroit et assoupli, au besoin, à tous les rôles, arrive un jour ou l'autre à ses fins, si un bras de fer ne l'arrête et ne le prévient.

Voilà à quoi tient la destinée des plus belles

couronnes et presque toujours la dissolution des empires : la main seule de Dieu peut en assurer la durée et la gloire. Oui, dès que la religion ne sert plus de frein, un État court à sa ruine, parce que l'ennemi de Dieu, le prophète l'a dit, ne peut manquer d'être aussi l'ennemi de César, et l'impie qui méconnaît son Dieu, méconnaît et abjure également son Roi. *Maledicet regi suo et Deo suo.* Is. 8, 21.

Alors il arrive que le pouvoir le plus doux et le plus paternel est accablé d'outrages, abreuvé d'amertume, traduit à la barre de ses sujets, jugé, condamné à l'exil ou à périr sur l'échafaud !

Arrêtons-nous ici, et terminons ces lamentables détails, qui plus d'une fois ont fait bondir notre cœur d'une indicible indignation, quoique nous n'ayons fait que toucher à des crimes inouïs et à des calamités sans exemple.

Nous avons dit le drame sanglant qui s'ouvre à Versailles en 1789, qui se transporte aux Tuileries, traverse un instant l'Assemblée nationale, s'élabore au Temple pour se terminer sur l'échafaud, et provoquer l'érection d'une chapelle expiatoire,

Et à quoi a servi de tuer un Roi, de tuer une Reine, de tuer un enfant? A ouvrir un abîme de ruines et à faire couler à flots le sang le plus pur.

Puissent ces considérations ne pas rester un vain écho ; et fasse le ciel que les grandes leçons que nous donnent les malheurs de l'infortuné Louis XVI et de sa famille, ne soient pas perdues pour la France ! Pour cela, il importe que grands et petits considèrent à quels excès peut se porter un peuple que Dieu abandonne à ses propres fureurs, et que le régicide est le plus grand des crimes et la source des plus grandes calamités que Dieu tire des trésors de sa colère.

FIN.

AVIS

Sur les jours et heures des messes à la chapelle expiatoire.

Tous les jours, à 9 heures.

Les dimanches et fêtes, à 9 et à 10 heures.

Le 21 janvier, à 9 h., à 10 h., à 11 heures et à midi, anniversaire du Roi martyr!

Le 1ᵉʳ février.

Le 13 février, à 9 heures.

Le 15 juillet, à 9 heures.

Le 16 octobre, à 9 heures et à 10 heures, anniversaire de la Reine.

Le 19 octobre, à 9 et à 10 h., anniversaire de Madame la Dauphine.

AVIS

Sur les jours et heures des visites à la chapelle expiatoire.

Tous les jeudis, à 9 heures.
Les dimanches et fêtes, à 9 et 10 heures.
Le 21 janvier, à 9 h., à 10 h. et 11 heures et à midi, anniversaire du Roi martyr.
Le 4 février.
Le 10 février, à 9 heures.
Le 16 juillet, à 9 heures.
Le 19 octobre, à 9 heures et à 9 heures 40 minutes, anniversaire de la Reine.
Le 19 octobre, à 9 h. à 10 h., anniversaire de Madame la Dauphine.

TABLE ANALYTIQUE.

PAGES.

AU LECTEUR. — But, nature et division de cet écrit. v

CHAP. I. — Idée sommaire de cet opuscule. . . . 1

CHAP. II. — Louis XVI. — Sa naissance, son éducation. — Ses qualités. — Son mariage. — Sa lettre au préfet de police. — Envoi de sa pension pour les blessés. — Distribution de 200,000 fr. aux pauvres pour obtenir la guérison de Louis XV. 22

CHAP. III. — Avènement de Louis XVI au trône. — Ses craintes. — Ses intentions. — Sa popularité. — Dotation de cent jeunes filles pauvres. — Curieuse anecdote. — Les arts et métiers à Versailles. — Discours des dames de la halle. — Choix de ses ministres. — Finances obérées. — Convocation des États généraux. — Barnave. — Bailly. — Mirabeau. — Insurrection à Paris. — La Bastille prise d'assaut. 27

CHAP. IV. — Départ des factieux se rendant à Versailles pour assassiner le Roi et la Reine. — Attaque du château. — Gardes tués. — Allocution du Roi. — Rentrée de la famille royale à Paris. — Calme momentané. — Nouvelle insurrection. — Attaque des Tuileries. — Conseil des ministres. — Rœderer. — Louis XVI et sa famille se rendent à l'Assemblée nationale. — Loge du logographe. — Décret de déchéance du Roi. — Les Feuillants. — Le Roi conduit à la prison du Temple. — Ses angoisses. — Ses prévisions. — Son céleste testament. 41

CHAP. V. — Céleste testament de Louis XVI dans la prison du Temple 49

CHAP. VI. — Appréciation du testament de Louis XVI par M. X.... — Réflexions de l'auteur sur cette juste et belle appréciation. — Paradoxes. . . . 55

CHAP. VII. — Louis XVI traduit à la barre de la Convention nationale. — Juste observation du Roi au maire de Paris, l'appelant Louis Capet, et belles réflexions de M. de Chateaubriand à ce sujet . . 58

CHAP. VIII. — Ouverture du procès du Roi. — Paroles du président. — Attitude et réponses de Sa Majesté. — Abnégation sublime de soi-même. — Ses défenseurs. — Pourquoi sa fuite à Varennes. — Plaidoyer de M. de Sèze 61

CHAP. IX. — Innocent, Louis XVI est condamné à mort. — Nombre des votants. — Durée de l'appel nominal, 24 heures. — Son résultat. 67

CHAP. X. — Solennelle signification faite au Roi Louis XVI des divers décrets prononcés contre lui par ses sujets. — Refus d'un sursis de trois jours. 69

CHAP. XI. — Proclamation du Conseil exécutif provisoire annonçant le jour, l'heure et le lieu du supplice de Louis Capet 73

TABLE ANALYTIQUE.

CHAP. XII. — Les dix-huit dernières heures de Louis XVI racontées par l'abbé Edgeworth de Firmont, son digne confesseur. — Garat. — Arrivée au Temple. — Entretien avec le Roi. — Autorisation de dire la messe. — Repas de Sa Majesté. — Sommeil du juste. — Lever du Roi. — Communion. — Santerre. — Partons. — Trajet du Temple à la place Louis XV. — Héroïsme du Roi. — On veut le lier. — Silence des tambours. — Paroles de Sa Majesté. — Santerre. — Le sacrifice est consommé. — Prudhomme. — Heuze. — Les fédérés. — Aspersion du sang. — Chapeau, habit lacérés. 94

CHAP. XIII. — Procès-verbal du supplice du Roi dressé, au moment même de son exécution, à l'hôtel de la Marine, par huit commissaires. . 107

CHAP. XIV. — Inhumation de Louis XVI dans le cimetière de la Madeleine, attestée par l'abbé Renard, qui, sur l'invitation de son curé malade, et par ordre du pouvoir exécutif, dut, le 20 janvier 1793, faire préparer fosse et chaux vive, et présider en vêtements sacerdotaux, le lendemain, aux obsèques de Louis Capet. — Pièce importante. — Le 10 mai 1814, cette déclaration, affirmée exacte sous la foi du serment, fut remise, par son auteur, au marquis d'Ambray, grand chancelier de France. 109

CHAP. XV. — Procès-verbal de l'inhumation de Louis Capet, envoyé le 22 janvier 1793 par les membres de la commune et du département au Conseil exécutif, et transmis en 1814 à la grande chancellerie 112

CHAP. XVI. — Première messe expiatoire dite à minuit un quart, le 21 janvier 1793, pour le repos de l'âme de Louis XVI sur la demande de X..., étrange personnage. — Anecdote touchante. — Curieuse légende et réflexions 115

Chap. XVII. — La Reine Marie-Antoinette outragée. — Ses angoisses au Temple. — Le Dauphin est arraché de ses bras. — Ses adieux à sa fille, à Madame Élisabeth. — Ses vêtements de deuil. — Sa translation à la Conciergerie. — Nature de sa prison pendant soixante-cinq jours. 138

Chap. XVIII. — Communion de la Reine à la Conciergerie. — Circonstances singulières de cette touchante scène. — Ses preuves pour les intelligences en retard ou encore indécises, et importante déclaration. 146

Chap. XIX. — Solennelle déclaration de M. Magnin, curé de Saint-Germain-l'Auxerrois, concernant la communion de la Reine Marie-Antoinette détenue à la Conciergerie. 150

Chap. XX. — Ouverture du procès de la Reine. — Ses accusateurs. — Hebert. — Ses réponses. — Ses juges. — Son sang froid. — Son courage. — Son arrêt. — Curieuses anecdotes sur son chemin. — Son immolation. — Ses précieux restes. 175

Chap. XXI. — Admirable lettre que, peu d'heures avant de monter sur la fatale charrette, la Reine écrivit à Madame Élisabeth 182

Chap. XXII. — Signification faite à la Reine du jour et de l'heure de son supplice. — Dernière absolution. 186

Chap. XXIII. — Madame Élisabeth. — Son procès.

— Ses réponses. — Son arrêt. — Son exécution. — Sa prière. — Son inhumation. 192

Chap. XXIV. — Légale constatation de toutes les circonstances qui avaient précédé, accompagné et suivi l'inhumation du Roi et de la Reine par témoins oculaires, et sur la foi du serment. 196

Chap. XXV. — Visite à l'ancien cimetière de la Madeleine, pour y reconnaître les fosses de Louis XVI et de Marie-Antoinette. 200

Chap. XXVI. — Exhumation des précieux restes de la Reine, faite le 18 janvier 1815. — Ses étonnants résultats. 202

Chap. XXVII. — Exhumation des précieux restes de Louis XVI. — Ses résultats. 207

Chap. XXVIII. — Placement des précieux restes du Roi et de la Reine dans des cercueils de plomb, en présence de hauts personnages. — Inscription. 210

Chap. XXIX. — Quatre ordonnances de Louis XVIII, relatives à la fondation du chapitre royal de Saint-Denis; à un service annuel; à l'érection de la chapelle expiatoire; au dévouement de M. Desclozeau, acquéreur de l'ex-cimetière de la Madeleine, et au 21 janvier. 213

Chap. XXX. — Pose de la première pierre de la chapelle expiatoire. 216

Chap. XXXI. — La chapelle expiatoire considérée en elle-même comme chef-d'œuvre d'architecture. — Son plan. — Son élévation. 217

Chap. XXXII. — Translation solennelle des précieux

restes de Louis XVI et de Marie-Antoinette aux tombeaux des Rois, et leurs obsèques à Saint-Denis, le 21 janvier 1815............ 229

Chap. XXXIII. — Oraison funèbre de Louis XVI prononcée le 21 janvier 1815, par Mgr de Boulogne, évêque de Troyes à Saint-Denis......... 236

Chap. XXXIV. — Suite des obsèques des deux royales victimes, après l'absoute............... 291

Chap. XXXV. — Louis XVII — Sa naissance. — Son enfance. — Son éducation. — Son portrait. — Son enlèvement des bras de sa mère, pour passer dans des mains aussi viles que barbares.... 294

Chap. XXXVI. — Simon, cordonnier par état, est nommé par l'Assemblée nationale gardien, précepteur et gouverneur de Louis XVII, Roi de France................. 299

Chap. XXXVII. — Louis XVII, délivré des mains de Simon, passe en d'autres non moins barbares. 308

Chap. XXXVIII. — Intervention de Barras. — Nouveau gardien donné à Louis XVII. — Horrible spectacle. — Enquête. — Paroles du jeune prince. — Son dépérissement. — Sa fin approche, et il meurt au Temple................. 312

Chap. XXXIX. — Acte de décès de Louis XVII. — Ses obsèques. — Son inhumation au cimetière de Sainte-Marguerite, constatée par témoins oculaires.................. 317

Chap. XL. — Louis a-t-il eu recherches et enquêtes relatives aux précieux restes de l'enfant Roi ? et qu'est devenue sa dépouille mortelle ?....... 319

Chap. XLI. — Madame Royale au Temple. — Ses peines. — Ses angoisses. — Son énergie. — Son courage. — Ses périls. — Son échange. — Sa sortie de prison. — Son départ de France et son arrivée à Vienne, en Autriche 324

Chap. XLII. — Belles et prophétiques paroles adressées par Louis XVI à Madame Royale, le jour de sa première communion. 328

Chap. XLIII. — Courtes considérations. — Résumé et conclusion. 330

www.ingramcontent.com/pod-product-compliance
Lightning Source LLC
Chambersburg PA
CBHW070902170426
43202CB00012B/2166